「子どもの貧困」

実践と政策からのアプローチ

浅井春夫 著

自治体研究社

まえがき——問われる！ 解決への本気度

「解決への道」こそ大事

私たちの暮らす地域と家庭、子どもたちが学び仲間と出会う学校、幼稚園、保育園、学童保育所、病院、アルバイト先……など、子どもの貧困の現実はいま、そこにあります。いま問われていることは、子どもの貧困の現実をしっかり受け止め、その解決への道を探ることであり、確実に子どもの貧困をなくしていくことです。そのためには「なくそう！ 子どもの貧困」とともに、いま問われているのは「ふやすな！ 子どもの貧困」の呼びかけです。

日本においては、子どもの貧困率という統計からみれば、一九八五年の一〇・九％から二〇一二年の一六・三％へと確実に増加してきました。同時期に各国が子どもの貧困対策をすすめることによって貧困率を減らしているなかで、日本は四半世紀で一・五倍に増加させてきました。アベノミクスは子どもの貧困の現実からみても、より悪化させ、格差を広げてきたのです。その点でなぜ子どもの貧困が拡大・深刻化してきたのかの原因究明なしに、子どもの貧困をなくすことはできません。

「働き方改革」は雇用主にとって都合のいい労働政策になっていますし、労働者の平均賃金年収は、一九九七年のピーク（約四六七万円）から二〇一四年は約四一五万円で、五二万円も減少しています。とくに若い子育て家族の親たちの非正規雇用労働者率の問題は深刻です。またシングルマザーの貧困率は過半数をはるかに超えています。まさに子どもの貧困は政策的につくられた問題なのです。

いま政治の分岐点で問われること

安倍政治はいま多くの国民の切実な願いに対して、背を向けている現実があります。アメリカの離脱で成立する見込みのないＴＰＰ加盟の国会での承認、ギャンブル依存症患者を確実に増やすカジノ解禁推進法の強行採決、年金の切り下げなどの社会保障の改悪、オール沖縄で反対する辺野古への基地移転・高江のヘリパット建設への暴力的対応、戦争法の強行採決とその具体化としての南スーダンへの陸上自衛隊の派遣（「駆けつけ警護」の新任務を付与）、国会運営における強行採決の連発、森友・加計問題にみる国政の私物化、憲法改悪の策動など、国民の広範な怒りが沸々と湧き起こっている現実があります。

国民の切実なねがいと怒りに対して、安倍政治を転換するためには受け皿となるべき野党共闘を一層発展させ、政権構想に関して真摯な論議をしていくことが求められます。政治と暮らしの各分野のテーマひとつひとつに国民要求を結集させながら、それらを合流させることで共同の大きな政治潮流を形成していくことが今日的な課題となっています。

現在、社会的に解決すべき大きな課題となっているのが子どもの貧困問題です。それは新自由主義を根拠にした安倍政治の影響が子どもの生活に集約的に現れた問題であり、この国が子どもを大切にする政策をとってこなかった結果でもあります。その点で二〇一八年は、子どもの貧困を解決するための国・自治体・おとなの本気度が問われる年となっているのです。

各章の内容案内

本書は、全体をⅠ部とⅡ部で構成し、全九章で組み立てています。Ⅰ部「子どもの貧困の現状と打開策」では、子どもの貧困を理論的に捉えることとその解決への基本的な課題を整理しています。Ⅱ部「状況を変えるための実践と課題」は、子どもの貧困への具体的な実践と運動の課題を整理しています。

以下、各章について簡単に紹介をしておきます。

Ⅰ部　子どもの貧困の現状と打開策

1章「子どもたちを見捨てない社会を求めて」は、子どもの貧困を生み出す社会のしくみを解明し、その対策を考える視点を提起し、解決のための「四つの処方箋」を提示しています。あわせて国・自治体の本気度を問う五つの課題を提起しています。本書の土台にあたる章ですので、まず読んでいただきたいと思います。

2章「問われるべき乳幼児の貧困」は、わが国における現在の子どもの貧困対策のエアーポケットは、乳幼児期の課題への対応です。一九九八年から具体化されるイギリスのシュアスタート（Sure Start、確かな人生のはじまり）の教訓からも学ぶことが必要です。本章では、乳幼児期の貧困対策についての政策提起をしており、〝乳幼児期の貧困対策のプラットフォーム〟として保育所が位置づけられる必要があることを提起しています。

3章「労働問題の視点から子どもの貧困を捉える」では、子どもの貧困の基底にある労働問題に焦点をあてて論究しています。安倍政権のすすめる「働き方（働かせ方）改革」の批判的検討とともに、子どもの貧困の拡大・再生産をストップするうえでも労働政策の改善が必須課題となっていることを指摘しています。

4章「『子どもの貧困対策法』批判、『子どもの貧困対策条例』の提案」は、本書で最も検討をしていただきたい章となります。「子どもの貧困対策法」は必要な改定をし、そのうえで「子どもの貧困対策条例」案の提起をしていますので、地域の運動や議会などでも参考にしていただければと願っています。

Ⅱ部　状況を変えるための実践と課題

1章「食生活の貧困とこども食堂」は、子どもたちの食生活の貧困はより悪化していることを紹介し、すべての都道府県で開設されているこども食堂に関する現状と課題を踏まえて問題提起をしています。

2章「学習支援塾（無料学習塾）と学びの権利保障」では、全国に広がる学習支援塾をめぐる問題点と課題を整理し、これからの発展に必要な条件整備について論究しています。

3章「児童養護施設の子どもの大学進学」は、子どもの貧困の凝縮点である児童養護施設で暮らしている子どもたちの大学進学への教育権保障のあり方を論述したものです。高校生全体の大学等進学率と児童養護施設の子どもたちとの〝五〇％格差〟という現状の改善を提起しています。

4章「子どもの貧困と性教育の可能性」は、あえて直接的な関わりの少ないと思われている性教育がどこまでアプローチできるかを検討し、教育・福祉実践が子どもの貧困をどのように意識していくべきかをテーマに論究したものです。

5章「沖縄のいまと子どもの貧困へのとりくみ」は、子どもの貧困率の最も高い自治体である沖縄県の子どもの貧困の現状と対策について論究したものです。基地問題を抱えながら子どもの貧困に真摯に取り組んでいる沖縄県の姿勢と子どもの貧困対策計画から大いに学んでいくことが必要です。本稿を通して、子どもの貧困問題に取り組んでいるウチナンチュに私なりのエールを送ったものです。

子どもの貧困に真摯に立ち向かっている全国の仲間たち、こども食堂や学習支援塾、フードバンクなどの運営に取り組んでいる市井の人々、子どもたちに日々かかわっている学校の教職員、保育園・幼稚園の保育者、学童保育の指導員、児童福祉施設の職員のみなさん、自治体のなかで政策づくりと対策を検討している行政職の方々、また議会でこの問題を取りあげ、解決への施策を検討している議員のみなさん、これからの未来を担っていく学生のみなさん、そして子どもの貧困の現実に心を痛めている人たちに、ぜひ手に取って読んでいただきたいと願っています。

これからの日本が本気で子どもの貧困を解決していくための大きな転換点になるために、本書がなにがしかのお役に立つことができればと心から願っています。「子どもが貧困、日本死ね！」の叫びを聞くまえに、真摯に子どもの貧困解決への道を拓きたいものです。

浅井春夫

二〇一七年元旦

二〇一八年一月九日、加筆

「子どもの貧困」解決への道　目次

目次

目　次

I

子どもの貧困の現状と打開策

1章　子どもたちを見捨てない社会を求めて

1　「子どもの貧困」問題への社会的注目と第二次ブーム

二〇〇八年は「子どもの貧困元年」といわれました。それはわが国における子どもの貧困の実態がはじまったというのではなく、①子どもたちの暮らしに現れた貧困問題を、社会問題として正面から取り上げ、②研究書の出版やマスコミにおいても多くの特集が組まれることによって、③緊急に解決すべき政策問題として研究面からも位置づける必要性について、あらためて社会的に認識されるようになった年といえます。

書籍や雑誌の特集などによって子どもの貧困率に関する国際的な比較が紹介されるなかで、わが国の子どもの貧困率とりわけ母子世帯における貧困率の高さに注目が集まりました。そして子どもの貧困率が所得の再分配政策（税の控除と社会保障）によって改善されないばかりか、深刻化している実態は世界で唯一の国となっていました。この時期を子どもの貧困の第一次ブームといってもいいでしょう。あえてブームというのは、「一時的にもてはやされ、世間に広まること」「ある物が一時的に盛んになること」という意味で、本格的にこの社会が解決すべき課題として位置づけてこなかったということです。

それでも子どもの貧困の深刻化と広がりはさまざまな現実を通して、〝見える問題〟となってきました。そうした動きのなかで、二〇一三年六月に「子どもの貧困対策の推進に関する法律」が成立し、翌一四年八月には「子供の貧困対策に関する大綱」（以下、大綱）が制定されました。しかし大綱には子どもの貧困をめぐる現状が数値で示されていますが、改善のための数値目標と具体的な改善策がいっさい明示されず、現状分析に終始しているにすぎません。「大綱」とは、法律や対策の「基本的な事柄」「だいたいの内容」のことをいうのであり、その点でも政府の子どもの貧困に向かう姿勢は本気とはいえないのが現実です。

現在、子どもの貧困への社会的注目が高まり〝第二次ブーム〟を迎えている感があります。「ブーム」とは、先ほどふれたように「急に熱狂的な人気の対象となること」をいいます。地域で学習支援塾やこども食堂、フードバンクなどの活動に真摯に取り組んでいる方々がおられる中でブームという評価をするのは大変恐縮なのですが、いま問われているのはブームに終わらせないためには何が必要なことで、政府および地方行政と各団体、さらに社会・コミュニティが何をすることが求められているのかを明らかにすることが必要であると考えています。

第一次ブームの問題を踏まえて考えると、①量的質的の両面からの社会調査などを通して子どもの貧困についてリアリティをもって把握することが求められ、②子どもの現実にアプローチするための具体的な実践と地域でのとりくみを組織することであり、③決定的に重要な問題として子どもの貧困の改善・解決のための政策形成が行政サイドに求められています。改善課題と数値目標を明示したうえで、政策的にいかに改善・解決していくのかを社会の共有課題とすることが問われています。そのうえで、それぞれのコミュニティの場で、職場で、所属先で、経験と特技を活かして関わるかを考えていきたいものです。

2　貧困ライン低下のなかの「子どもの貧困」の広がり

「子どもの貧困」を示すデータのひとつに、学用品や学校給食などの費用に対する地方自治体による「就学援助」制度があります。二〇一四年二月、文部科学省の調査結果の発表によれば、「就学援助」を受ける公立小中学生の割合は、二〇一二年度には一五・六四％に上っています。対象の子どもの割合が過去五年間で増えたのは、東京、大阪を除く四五道府県で、一九八五年に一〇％を超えたところから、約一・五倍になっています。この背景には、「権利として就学援助の受給申請をしよう」という、住民運動の発展という一面もありますが、この二〇年間で日本は国際的にみても子どもの貧困を悪化させた特異な国という現実の反映でもあるのです。

二〇一二年五月に、国際連合のユニセフのイノセンティ研究所が発表した「先進国における子どもの貧困」では、日本はＯＥＣＤ（経済協力開発機構）三五か国中、九番目に子どもの貧困率が高い国となっています。一人当たりのＧＤＰが高い二〇か国中では、上から四番目に子どもの貧困率が高い国です。いま先進諸国の三五か国における「子どもの貧困」にカウントされる子どもの数は約三三六六万人ですが、日本では三〇五万人を数えています。わが国の子ども人口全体で二二二二万人（〇歳〜一七歳）のうち一六・三％では、単純に計算しても三六二万人であり、これだけの層が「子どもの貧困」状態に置かれているのです。子どもの権利条約を批准し、憲法二五条のある国で、〝あってはならない現実〟が広範囲に存在しているのです。

とくに子どもの貧困が集中している世帯は母子世帯です。「ひとり親世帯」のうち母子世帯の貧困率は統計的には、一九八五年の五六・〇％から二〇〇九年には五〇・八％に下がっています。しかし、九七年以降、勤労世帯の賃金所得総額が下がっていることや、勤労者の三六・七％（総務省「労働力調査」二〇一三年）が非正規雇用になっているなかで、国民全体の貧困ラインが下がっているなかでの貧困率が低下しているというところに本質があります。つまり、これまで貧困層としてカウントされていた人たちが、国民全体の貧困ラインが下がることによって、貧困層から統計的に外れただけなのです。こうした統計上の仕組みであるにも関わらず、貧困率が上昇していることに、子どもの貧困の深刻さがあります。

表Ⅰ－１－１にみるように、子どもの貧困率は、一九八五年の一〇・九％から二〇一二年には一

表Ⅰ－1－1　相対的貧困率・子どもの貧困率の年次推移

調査実施年	1985	1988	1991	1994	1997	2000	2003	2006	2009	2012	2015
相対的貧困率（%）	12.0	13.2	13.5	13.7	14.6	15.3	14.9	15.7	16.0	16.1	15.6
子どもの貧困率	10.9	12.9	12.8	12.1	13.4	14.5	13.7	14.2	15.7	16.3	13.9
子どものいる現役世帯	10.3	11.9	11.7	11.2	12.2	13.1	12.5	12.2	14.6	15.1	12.9
大人が一人	54.5	51.4	50.1	53.2	63.1	58.2	58.7	54.3	50.8	54.6	50.8
二人以上	9.6	11.1	10.8	10.2	10.8	11.5	10.5	10.2	12.7	12.4	10.7
名目値（万円）											
中央値（a）	216	227	270	289	297	274	260	254	250	244	245
貧困線（a/2）	108	114	135	144	149	137	130	127	125	122	122

出所：厚生労働省「国民生活基礎調査の概況 」2014 年より作成。
なお貧困率は OECD の作成基準に基づいて算出している。名目値とはその年の等価可処分所得をいう。実質値とはそれを昭和 60 年（1985 年）を基準とした消費者物価指数（持家の帰属家賃を除く総合指数）で調整したものである。

表Ⅰ－1－2　所得の種類別にみた 1 世帯当たりの平均所得と構成割合

	総所得	稼働所得	公的年金	財産所得	社会保障	その他
全世帯金額（万円）	541.9	403.8	106.1	12.9	6.9	12.1
%	100.0	74.5	19.6	2.4	1.3	2.2
児童のいる世帯	712.9	656.5	25.5	10.0	16.2	4.7
	100.0	92.1	3.6	1.4	2.3	0.7
母子世帯*	254.1	192.3	8.0	1.5	46.2	6.0
	100.0	75.7	3.1	0.6	18.2	2.4

資料：厚生労働省「平成 27 年国民生活基礎調査の概況」2016 年。
＊母子世帯は「平成 27 年国民生活基礎調査」。

六・三％に上昇、二七年間で「貧困率」が五・四％増加し、子どもの貧困率は約一・五倍になりました。二〇一五年には一三・九％となりましたが、高い貧困率のままにあります。貧困ラインが低下しているもとでの子どもの貧困率が上昇しているのです。この傾向は、現在の勤労者の勤労・所得状況をみると、さらに増加していく可能性が大きいといえます。

また表Ⅰ－1－2の一世帯当たり平均所得金額及び構成割合にみるように、「児童のいる世帯」の稼働所得の比率が九二・一％、年金以外の社会保障給付金は二・三％にすぎないのが実際です。年間総所得が二五四・一万円の「母子世帯」でさえ、いわば社会保障による子育て応援率は一八・二％という現状で、税の控除と社会保障による所得の再分配政策が機能していない現実は明らかです。

二〇一四年一月の雇用統計では、一年間で非正規雇用が一三五万人増加して一九五六万人となっています。さらに厚生労働省が二〇一五年一二月に発表した一四年の「就業形態調査」によれば、民間事業者に勤める労働者のうち非正規社員の占める割合が四〇・五％となり、はじめて四割台に達しました。非正規雇用の人たちの多くが子どもを育て、またこれから子どもを持つ勤労者であることを踏まえると、日本において貧困の裾野が確実に広がっているといえます。

3　子どもの貧困を生み出す社会構造

図Ⅰ－1－1にみるように、土台の部分である①生活の不安定化と生活不安の増加、②所得格差・貧困のすそ野は確実に悪化・拡大していることは明らかです。そのうえに③ひとり親世帯、子育て中の母子世帯の増加が加わります。ひとり親世帯（母子世帯一二三・八万世帯で母子のみで構成される世帯は約七六万世帯、父子世帯二二・三万世帯で父子のみで構成される世帯は約九万世帯）の貧困率が五四・六％となっています。

これらの下層の広がりのもとで、子ども虐待に象徴的に具体化される④家族の養育機能障害が拡

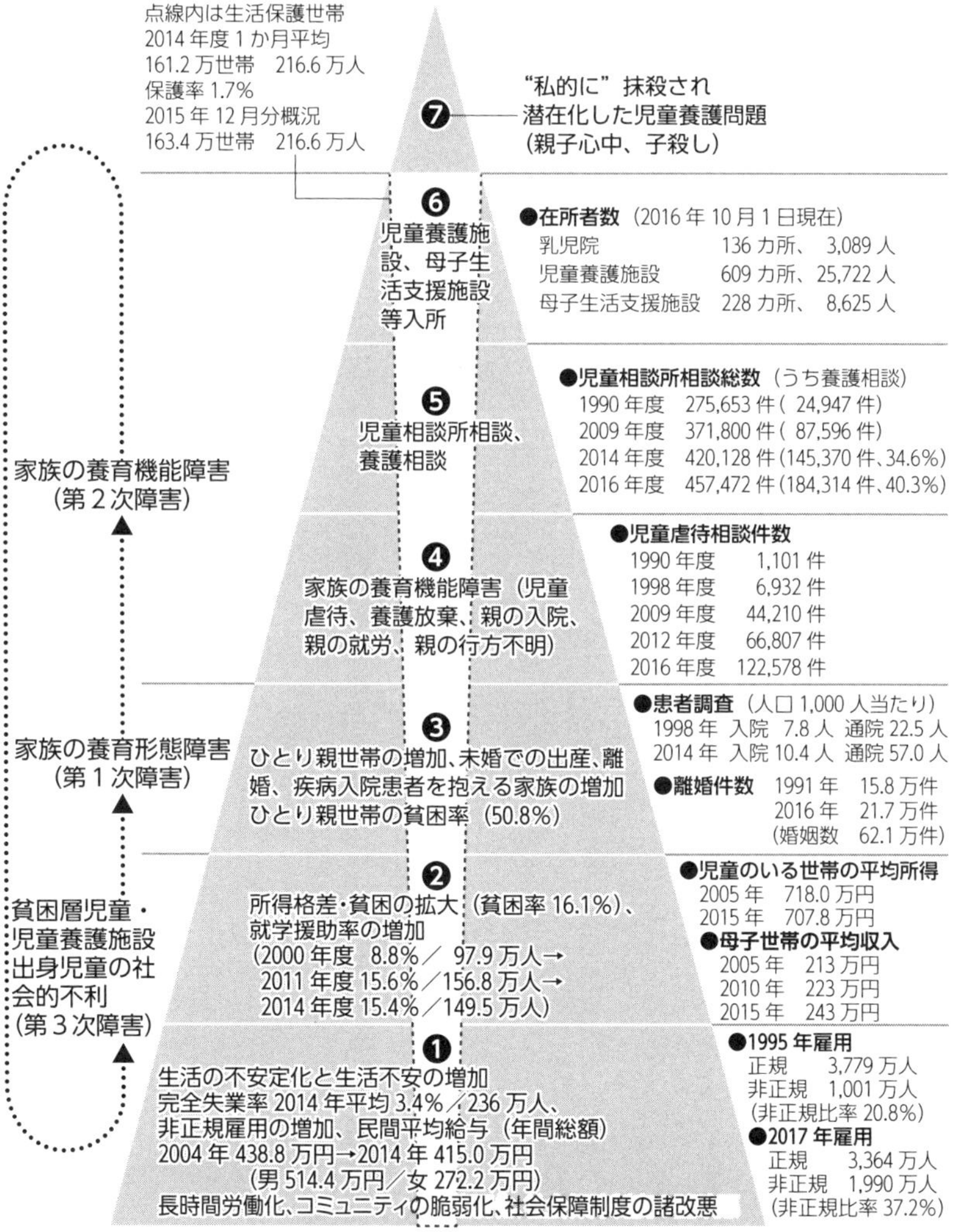

図Ⅰ-1-1　子どもの貧困問題の社会的背景

出所：著者作成。『住民と自治』2016年8月号初出。2018年1月修正加筆。

資料：厚生労働省編『平成27年版厚生労働白書』日経印刷、2015年、厚生労働省国民生活基礎調査、労働力調査ほか、内閣府編『少子化社会対策白書〈平成27年版〉』日経印刷、2015年、浅井春夫『戦争をする国・しない国』新日本出版社、158頁。

大・深刻化している現実があります。その現実は⑤児童相談所相談総数とりわけ養護相談が増えている現状にみることができます。これらの上に⑥、⑦の現実があるのです。子どもの貧困が構造的政策的に生成されていることをここでは確認をしておくことにします。

4　子どもの貧困対策を考える視点

子どもの貧困を考える視点として、五つの視点をあげておきます。子どもの貧困の全体像は実に多様な顔をしており、貧困を捉える角度はさまざまです。ここではどのような問題状況を解決・改善・緩和していくのかという観点から、対策を考える視点を問いたいと思います。

第一の視点は、総合的に捉えることと優先順位を明確にして取り組むことがあげられます。貧困と学力の関係にみられるように貧困はそれぞれの要素が影響しあい連結し、相互に規定しあっている現実があります。その点では子どもの貧困の全体像を把握することを通して、優先して解決すべき課題を設定する必要があります。子どもの貧困問題は、子育て世帯の貧困のもとで暮らす子どもの問題です。そうであれば、世帯の生活の安定を図ることは不可欠であり、保護者の就労状況と家計収入の改善が基本的課題となることは当然です。アベノミクスで明らかになっていることは、「トリクルダウン」理論（「富める者が富めば、貧しい者にも自然に富が滴り落ちる（トリクルダウンする）」という経済理論）は完全に破たんしています。そうであれば所得の再分配政策を機能させることを重点政策として位置づける必要があります。とくに社会保障（社会手当）によって貧困世帯への所得の増加を図ることが重要なポイントです。

第二の視点として、年齢別やジェンダーの視点に立ってライフサイクルのどの時期に何を具体的に改善すべきかを問う視点が求められます。子どもの貧困の解決のための施策を、個人史のどの段階で子どものどのような課題に重点的な支援をするのかが問われます。とりわけ母子世帯の貧困の深刻さに対する改善策は、子どもの貧困を考えるうえで優先すべき政策視点となっています。

第三として、家族史の立場から貧困を捉える視点をあげておきます。実態調査に基づいても「一五歳時の暮らし向きが悪い場合に、学歴達成が低い傾向にあることは、貧困の世代間連鎖という点で注目される。また、一五歳時の家族構造によっても、貧困リスクや学歴達成に差がみられるということは、家族が生活保障や教育において重要な役割を果たしていることを示唆している」（大石亜希子「子どもの貧困の動向とその帰結」『季刊・社会保障研究』第四三巻第一号、二〇〇七年六月、六三頁）という指摘は共有されているといえます。その視点からいえば、早い段階での家族支援と子どもの貧困対策が求められていることは明らかです。

第四に、緊急対応が求められる課題と継続的対応が求められる課題とを踏まえた視点を意識することが必要です。子どもの貧困においても医療保障、進学保障などは緊急即応の対応が求められます。基礎的な生活保障の経済的支援や学習権の保障、保育の保障などは継続的な貧困対策として位置づけられることが必要です。

第一から第四までの視点は、第五の貧困の世代間連鎖・再生産を断ち切ることに集約され焦点があてられる必要があります。これらの五つの視点を踏まえて、子どもの貧困削減戦略を検討していくことが大切です。

5　積極的財政投入こそ課題

ＯＥＣＤ諸国の貧困状況をみても所得の再分配は、その前（税の控除と社会保障の対応前）の貧困率より二分の一から四分の一まで低下させているのが現実です。所得の再分配政策は貧困・格差を緩和・修正することによって所得の平等政策を具体化するものですが、日本はその点で所得の再分配政策がほとんど機能していない国となっています。

別の角度からの資料を紹介しますと、公益財団法人日本財団と三菱ＵＦＪリサーチ＆コンサルティングが共同で、「子どもの貧困の放置による経済的影響」を推計しています（『子どもの貧困に関する社会的損失推計レポート』二〇一五年一二月、http://www.nippon-foundation.or.jp/news/articles/2015/71.html）。

そこで示された内容の第一が子どもの貧困対策の金額としての大きさ、つまり政策効果についてです。本推計から、子どもの貧困を放置することによって所得総額が二・九兆円減少し、税・社会保障の純負担額が一・一兆円減少することが示されています。子どもの貧困対策は、経済的・投資的な観点から捉えて十分に大きな効果が期待される施策であることを企業サイドからシンクタンクが報告しています。

第二が子どもの貧困対策の就業形態への影響の大きさです。本推計結果からは、現状シナリオに対して改善シナリオでは正社員数が一割程度増加し、無業者数は一割程度減少することが見込まれており、子どもの貧困対策は労働力の確保の点からも大きな効果をもたらすと指摘されています。

大綱では「施策の推進体制等」として「民間資金を活用した支援など、官公民の連携・協働プロジェクトを推進すること」が謳われ、「国民の幅広い理解と協力のもとに子供の貧困対策を国民運動として展開する」としています。その方針を受けて二〇一五年四月には政府、自治体、経済界、労働界、民間支援団体などからなる「子供の未来応援国民運動」が結成され、二〇一五年一〇月から本格始動しました。

子供の未来応援国民運動は、①ホームページの開設、②子供の未来応援基金の創設のふたつの事業を柱に展開されています。②の「基金は、政府の責任を民間による支援に委ねようとするものではなく、政府の施策（公助）の充実に加え」「民間同士の応援ネットワーク（共助）の構築・充実をめざすものである」と述べられています。「行政による支援だけでは一人ひとりに寄り添うきめ細かな支援が難しかったり、必要な支援が届かなかったりすることもあるため、行政だけではなく、官公民による応援ネットワークを築き、さまざまな主体が子供たちを支える環境を整えることが重要である」（内閣府子供の貧困対策室「子供の貧困対策　夢を、貧困につぶさせない」『月刊福祉』二〇一六年六月号、四四〜四五頁）としています。

しかしこうした「公助・共助・自助」システムが結局のところ、公助は最小限の財政支出に抑え、公の役割は共助のコーディネーター機能に収斂されているのが日本政府のこれまでの施策の基本的内容でした。問題は国民とりわけ貧困層が自助機能を果たすこともできない状況に陥っているのは、新自由主義を集約化した〝アベノミクス〟の結果でもあるのです。その点の総括も反省もないなかで、子どもの貧困問題への弥縫策を謳って、民間の資金による施策を展開しても解決への道を歩むことはできません。オスプレイの米国内での価格は五、六〇億円とされていますが、防衛省は当初一〇〇億円の購入予定を、結局は一機二一一億円で購入しているのです。いま子どもの貧困問題への積極的財政投入への姿勢が欠如していては、日本の子どもたちの夢はつぶされ続けていくことは明白です。

6　子どもの貧困対策の課題

1　子どもの貧困をめぐる課題

これまで述べてきたことを踏まえて、「子どもの貧困」対策の課題を列挙しておきます。

① 政府およびすべての地方自治体で子どもの貧困対策の目標と計画を策定し、子どもの貧困率の削減目標を明記すること。子どもの貧困の解消に向けて、子どもの貧困率を当面は「一〇年後の

達成目標を八％（現在より半減させる）」、「二〇年後に根絶を目標」に据えること。
②　目標達成に向けた政府・地方自治体の施策実施の義務、施策の進捗状況に関する報告義務を明記すること。
③　法律には子どもの定義がないため、支援対象が広がり、進学できる子どもが増えることが期待されている。法律で対象とする子どもの年齢については、〇歳から大学卒業程度までを網羅することが必要である。
④　法律の見直し規定を明記すること。その期間は五年ではなく、二、三年とすべきである。
⑤　子どもの貧困の定義と貧困を測る指標を策定すること。とくに相対的貧困と絶対的貧困、一時的貧困と慢性的貧困、所得貧困と潜在的能力の欠如などの指標に即して検討がされるべきである。
⑥　子どもの貧困調査を実施すること。独自の調査を継続的に実施し、相対的貧困率と剥奪指標の組合せ等、「貧困」の実態を総合的に把握すること（相対的貧困ラインが低下していることを踏まえた調査をすること）。
⑦　財政上の措置と責任主体を明記すること。
⑧　これらの諸課題に立ち向かうために、責任省庁を明確にし、政府・自治体に必要な委員会・部局を恒常的に設置すること。
これらの諸点は「子どもの貧困」に本気で立ち向かおうと考えれば、必然的に抽出される課題です。その意味で国の決意のなさが浮き彫りになっている現状があるといわなければなりません。

2　子どもの貧困に関わる実践の課題

子どもの貧困の改善のための重要な課題は、政策的課題ですが同時に、子どもと直接かかわる専門職にあっては自らの実践を通してアプローチしていく課題でもあります。

第一は〝子どもの声〟に耳を傾け続けることをあげておきます。そもそも〝子どもの声〟とはどのようなものなのかという問題があり、表現される声もあれば、〝沈黙する声〟もあります。そうしたなかで、子どもたちが「自分の言い表しがたい気分に共感を持って接してくれる、安心できる、好感の持てる相手の眼の中に映っている自分と出会うことによって、人は自分自身を新しい眼で見直すことを学ぶ」（窪田暁子『福祉援助の臨床――共感する他者として』誠信書房、二〇一三年、五五頁）というストーリーを持っていることを踏まえて、子育て実践を創っていくことができるかどうかが問われています。

第二は、貧困の文化への対抗文化をどう形成していくのかという課題です。ここでいう対抗文化とは、平和・共生の文化であり、自分らしさ・アイデンティティ形成の文化であり、希望を持ち続ける文化のことです。とくに暴力容認社会の現実のなかで、非暴力の平和・共生の文化を暮らしの中でどう形成していくのかは、いま求められている実践内容です。

第三は、地域に生起している子どもの貧困の現実に対して、学校、保育所、学童保育、児童館、行政職、NPO団体などで、それぞれできることを自力で具体化していく課題をあげておきます。憲法二五条を持ち、子どもの権利条約を批准した締約国である日本において、子どもの貧困問題が社会問題になっている時点で、本来は国・自治体が解決の第一次的責任を負っているのです。しかし行政がその責任をサボタージュしている現状のもとでも、子どもの現実と最前線で向かい合っている人々が、子どもの貧困の解決・緩和・軽減のための地域実践を組織していく課題があります。

全国で実践されている学習支援塾、こども食堂（食事提供）、フードバンクなどのとりくみを組織していくことも必要です。目の前にある現実にかかわりながら、行政の支援を引き出していくことは、いのちの尊厳を守る運動の重要な課題であるといえます。

第四として、さまざまな子ども・人間と出会い、協働できることに喜びを感じるちからが実践には求められています。できることは限られていますが、人間のつながりを創ることに生きがいを感じ、希望を見出したいと願っています。

7　子どもの貧困解決への政策の検討

1　対子どもの貧困戦略へのアプローチ

対貧困戦略のためのいくつかのアプローチ（ポール・スピッカー著、圷洋一監訳『貧困の概念――理解と応答のために』生活書院、二〇〇八年、二七六～二七九頁）を参考に、子どもの貧困対策を検討してみますと、その第一に、経済発展（経済開発）をあげることができます。それはけっして「トリクルダウン」理論による貧困へのアプローチではなく、完全失業率や非正規雇用者率の改善、家計消費財源の拡大などによって経済的生活基盤を安定させることによって子どもの貧困対策の基礎となります。大企業を中心にした内部留保額（二〇一五年九月現在）は三五六・四兆円（従業員一人当たりに割り振れば八八七万円）となっており、暮らしの観点からいえば、アベノミクスは明らかに経済的な発展を阻害しています。家計収入を豊かにする経済の発展こそが重要な観点であり、アベノミクスの転換こそが求められています。

第二に、税の控除と社会保障からのアプローチをあげることができます。後者は現金給付と現物・サービス給付の組み合わせによって、所得の再分配を推進することで底上げと平等化を具体化することができるのです。その点が決定的に欠如しているのです。

第三に、政治的なアプローチがあります。個人の人権保障や社会権などの保障を政治の責任ですすめることが求められます。民主的な政治は人間・子どもを大切にする社会づくりという点に収斂されることになるのです。その点でも安倍政治は失格です。

第四に、自治体レベルでの政策づくりと条例化による法的規準化は重要なアプローチとなります。政府の子どもの貧困対策法および同大綱では数値目標も、義務規定も不充分なままですので、この点を明記した条例を制定することは大きな意義があります。

第五として、子どもの貧困解決への推進体制を構築していくことに着手すべきです。「子どもの貧困対策部局」の開設、首長を責任者とする同本部の設置などが検討されるべきです。そうした部局の役割のひとつとして、子どもの貧困の「早期発見」を位置づけることが必要です。縦割り行政の弊害を改善し、総合的な貧困対策を具体化するための機構改革が国・自治体に求められているのです。

2　子どもの貧困への四つの処方箋

①健康と食生活の貧困対策

貧困世帯の子どもの受診に関して、西日本の小中学生六〇二四人を対象にした調査（阿部彩ほか「大阪子ども調査」結果の概要、二〇一四年二月）で、医療機関に連れて行ったほうがいいと思いながら子どもを受診させなかったと答えた保護者は二割となっており、受診しなかった子どもは一二一三人（小学五年生で六四三人、中学二年生では五七〇人）を数えています。そのうち医療費の自己負担分を払えないケースは一二八人を数えます。公的医療保険に加入していないので医療費が払えなかったケースも一一人となっています。

ヨーロッパにおいては、相対的貧困率に加えて、物質的剥奪指標を公式な貧困指標として設定しています。子どもの剥奪指標（一八項目からなる）のうち、「食」に関する項目は二項目で「新鮮なフルーツか野菜を毎日食べること」「肉、鶏肉、魚を毎日食べること」があげられています。健康と食生活の貧困との関連は、経済的な貧困指標だけでは説明できず、独自の観点で捉えることが必要になっています。

具体的な政策として、①無償化を基本にした一八歳未満の子ども医療費無料制度の確立、②こども食堂の制度的支援による拡充、③登録制による学校での朝食サービスの提供、④食料に限定したクーポン券の給付、⑤フードバンクによる食料等の提供、などは即効性が期待できる制度です。

②経済的な貧困対策

現金給付は子どもの貧困の改善のために不可欠の対策となっています。「各種の家計所得指標の実質年間成長率」（年率換算の成長率の調査年／一九九五～二〇〇九年）に関する国際比較をみると、ＯＥＣＤ三二か国のうち、日本（調査年／一九九六～二〇〇八年）は、最下位となっており、なおかつ家計の総所得はマイナスとなっている唯一の国です。大半の国々では家計調整純可処分所得が再配分前の総所得を上回っている状況があり、所得の再分配政策が機能しているといえます。日本においてはほとんど機能していないのが実際です。

「家計調整純可処分所得のＧＤＰに占める割合」（三三か国）については、下位から九番目となっています。一九九五年時点では七五％を占めていましたが、二〇一〇年では六五％と一〇％低下しています。ちなみにアメリカは八〇％ラインから六〇％へと約二〇％も落としています。フランスは九〇％、ロシアは八八％、イギリスも八〇％を超えています。この結果が意味することは、国の経済実績（ＧＤＰ）と世帯の家計所得は必ずしも連動していないということです。

こうした世帯の状況を「平成二八（二〇一六）年国民生活基礎調査」で確認しますと、児童のいる世帯の平均所得は六九六・三万円となっていますが、そのうちの「稼働所得」の割合は九一・〇％となっています。「年金以外の社会保障給付金」の割合は二・五％となっており、児童手当などの経済的支援のレベルはこの程度の内容にすぎません。

母子世帯においては、年間総所得は二五〇・一万円（平成二四［二〇一二］年国民生活基礎調査）で、「年金以外の社会保障給付金」の割合は一九・七％というレベルです。児童のいる世帯の平均所得の三六％と、約三分の一という母子世帯の所得のうち社会保障による子育て応援率は二〇％にすぎないのです。

こうした状況を踏まえて、経済的な子どもの貧困対策を検討していくことが必要です。具体的には、①児童扶養手当の増額（貧困脱出に必要な金額の算出）、②児童手当の拡充、③条例に基づいた就学援助制度の拡充（生活保護水準の一・五倍を対象に）、④医療費の窓口支払いゼロ、⑤給食費の無償化、⑥修学旅行・研修旅行などの無償化、⑦教材・教具などの貸与制度（学校管理）の拡充などが積極的に検討されるべきではないでしょうか。

こうした施策を具体化することで、学校教育＝教育権保障には基本的にお金がかからないことを実現することが重要です。

③学習権・進学保障対策

貧困対策のもっとも重要なポイントは「貧困の世代間連鎖・継承」にストップをかけることができるかどうかです。その点で学習権・進学保障はもっとも重要な課題となっており、現在、優先され取り組まれている施策であるといえます。

ＮＰＯ法人さいたまユースサポートネットによる「生活困窮者自立支援法に基づく学習支援事業」

に関するアンケート調査（二〇一五年九月～一〇月実施、福祉事務所を設置する自治体四七九団体と学習支援事業受託団体九八団体の合計五七七団体を対象）によれば、「すでに実施している」三二・二％、「実施予定」二〇・三％、「実施予定なし」四五・三％という現状です。実施していない自治体の実施しない理由では、「実施するための人員や団体が確保できないから」六四・五％、続いて「実施するための財源が確保できないから」（同支援法での費用負担は、国・自治体で二分の一ずつ）が四五・五％となっています。この二つが基本的な条件整備として必要であることは言うまでもありません。同時に地域における学習支援事業をどのような課題を持った子どもと保護者に向けて行うのか、その基本的な合意と目標ができていないことも明らかになっています。この点についてはそれぞれの地域の現実と特徴を踏まえて検討し対応すべきです。

ただ今後の基本的対応として、学校教育の補助的機能をＮＰＯ法人や社会福祉協議会などに委託することには限界があります。学校教育のなかで、どこまで低学力、学習意欲の低い児童・生徒への支援体制を組めるかという観点から、学校改革を検討することが子どもの貧困問題から照射されています。教育・学習支援の本丸の改革論議を連結して検討することが必要なのではないでしょうか。

具体的な政策として、①学習支援のためのメンター制度の充実、②学校教育の実質的無償化、③学習塾の費用援助、希望者の入塾の保障、④不登校の子どもたちへの教育保障も含めた教育の多様化、⑤大学・専門学校等への進学を保障するために給付型奨学金制度、既卒者の奨学金返済の減免制度などの確立によって、貸与型は基本的に廃止の方向へ、⑥国家予算による大学等の入学金・授業料の低額化の具体化などをあげておきます。

④労働生活への接続対策

政府が音頭をとり、民間企業などが協力して、寄付（二〇一六年五月末現在、応援基金の寄付額は二億二五〇〇万円）を運営資金とした「子供の未来応援国民運動」では、「貧困家庭を救う四つの支援」（http://www.kodomohinkon.go.jp/policy/）として、①教育支援、②経済支援、③生活支援、④就労支援をあげています。子どもの貧困対策の柱は、親の就労支援が必要なことはいうまでもありませんが、ひとり親世帯では五四・三％の貧困率ですが、ふたり親世帯でも七・三％を超える貧困率となっています（労働政策研究・研修機構調査。調査時期は二〇一四年一一月～一二月）。この調査でもいえることは、ふたり親世帯でも貧困家庭に組み込まれる状況があるということであり、問題は低賃金構造と就労形態が問われているのです。就労支援であっても非正規雇用では貧困層からは脱出できないのが実際です。その点では新自由主義的労働政策の弊害が顕著になっているのが現状です。

さまざまな就労支援がありますが、働くことが子育ての困難や生活困難を増幅する現実を見なければなりません。労働政策自体が貧困化を進行させていることを直視することが必要です。

貧困の世代間連鎖の観点からみれば、青年期における労働生活への連結と社会生活への軟着陸が問われています。高校卒業、大学入学までが子どもの貧困対策ではなく、大学の卒業と労働生活への軟着陸の支援までを視野に対策が立てられる必要があります。

具体的には、①子ども・若者の貧困対策枠を設けた就労支援センター（コーナー）の開設――就労支援専門員（正規雇用）の配置、②生活保護家庭・ひとり親世帯への就労支援（正規就労の保障を前提に）、③失業・不適応退職者のための就労のための再訓練センターの開設、④児童養護施設の卒園者を対象とした修学型自立援助ホームの新設などをあげておきます。

3　政府・自治体の本気度を問う五つの課題

〝貧困な政策〟では子どもの貧困は改善をしないことは子どもの貧困率が悪化していることをみても明らかです。この問題への本気度を問う五つの課題をあげておきますと、

① 貧困の実態を明らかにするための本格的な調査を実施するかどうか
② いま具体化できる人生はじめの乳幼児期の貧困対策を検討するかどうか
③ 貧困改善のための期限を区切った数値・改善目標の設定をするかどうか
④ 本格的に政策形成をすすめるための必要な財政投入をするかどうか
⑤ ①〜④を本気ですすめる担当部局の設置――会議や審議会だけではなく、予算と権限を持った行政部局の開設をするかどうか

などがあげられます。
①〜⑤について補足をしておきますと、

①貧困の現実に関してリアリティをもって把握することが対策へと連動していきます。相対的貧困率調査（所得水準を基にした調査）とともに物質的剥奪指標による調査（一定の年齢での発達と暮らしにとって必要な環境条件の調査）の二つのアプローチが考えられます。後者は、例えば年長児でいえば、子ども部屋があるかどうか、朝食はきちんと食べているか、年齢にふさわしい絵本や書籍が家庭にあり補給されているかなどの具体的な指標をたてて調査することは、自治体レベルでは可能なのではないでしょうか。

②子どもの貧困対策のエアポケットになっている乳幼児期の貧困対策の課題です。乳幼児期の施策がもっとも効果的な施策になることは諸外国の政策と研究でも明らかにされているのですが、具体化には保育内容の質的拡充と家族支援のあり方が問われることになります。乳幼児期の貧困問題の解決のためのプラットフォームとして保育所が位置づけられる必要があります。

③現状を把握するだけではなく、具体的な改善目標を定めて、それをいつまでに達成するかが問われています。

④既存の政策だけでなく、必要な新規政策を具体化するうえで重点的で思い切った予算を立てることが必要です。お金をかけない貧困対策などありえないのです。

⑤行政レベルで貧困対策課を開設して組織的に取り組んでいくのかどうかが問われているのです。この点は各団体においても担当部局を立ち上げていくことで、その機関・団体の本気度が問われているといえるのではないでしょうか。

子どもを見捨てない国へ脱皮をするかどうか、第二次子どもの貧困ブームを単なるブームのままで終わらせるのか、さらにムーブメント（movement、運動）として発展させていくのかが国・自治体、諸団体、企業、市民に問われているのです。

現場のなかで政策を考えることはたやすいことではありません。でもいまなぜ「子どもの貧困」がこの社会にあって、解決の展望が描かれていないのかを問うことは、子どもの未来を真摯に考えてみるうえで必要なことです。

いま〝なくそう！　子どもの貧困〟のスローガンとともに、この社会で問われていることはこれ以上〝ふやすな！　子どもの貧困〟です。世界の多くの国々では子どもの貧困（率）を削減するなかで、なぜ日本では子どもの貧困が増え続けているのか、その根本問題を究明することが私たちに問われています。子どもの貧困をなくすことと戦争をしない国のままでいることは、私たちおとなに問われている子どもたちへの約束です。

一人ひとりが何をできるかではなく、何をしようとするのかというおとなの決意が私たちに問われているのではないでしょうか。そのことを、子どもたちの代表からのメッセージとしてマララ・ユスフザイさんの国連での演説（二〇一三年七月一二日）の一節を紹介します。

「一人の子ども、一人の教師、一冊の本、そして一本のペン、それで世界を変えられます」。

（『朝日新聞 DIGITAL』）

2章　問われるべき乳幼児の貧困

1　子どもの貧困対策は人生の出発点から

子どもの貧困解決に向けて国・自治体のとりくみは、学習支援など学童期の子どもたちを対象にしたとりくみが中心となっていますが、それは成果が見える政策に重点が置かれている現状があり、この国の本気度が問われる課題となっています。

なぜそうした現状にあるのかというと、まず低学力や学習意欲が萎えている現実など、具体的に明らかになっている課題を優先していかざるをえない現実があります。とりくみの成果が成績の改善や高校・大学進学率の上昇など数値化して見えやすいのです。それによって乳幼児期（就学前）の貧困の問題がエアポケットとなっていて、保育や学童保育、児童手当、児童扶養手当などが子育て支援策としてはありますが、子どもの貧困対策としての具体的な対策としてはほとんど政策化されていないことがあげられます。そのひとつの理由は、まだ乳幼児の貧困の実態が社会的に認識されていない、見えていないことがありますが、基本的な理由は乳幼児期の貧困問題への対策は現金給付のレベルが問われるとともに、現物給付としての保育政策の量と質に焦点があてられることになります。

学校を学童期の貧困問題解決のためのプラットフォームにするとともに、保育所を乳幼児期の貧困問題解消に向けてのプラットフォームにすることが問われているのです。現在のところ、学校と保育所がそうした機能を果たすための場所とはなっていません。

本章では、乳幼児期の貧困問題に焦点を当てて、問題の捉え方、乳幼児の貧困の発見ポイント、援助実践の課題、政策のあり方などについて整理してみたいと思います。

2　乳幼児期の貧困問題

1　乳幼児の貧困問題

低学歴・低年齢出産・離婚は、乳幼児の貧困問題の三大要因といえます。とくに乳幼児の貧困は、母子世帯にまずは現れてきます。現在の子どもの貧困問題は学齢期の子どもたちに注目が集まっていますが、貧困はすでに乳幼児期から暮らしを覆い、成長・発達に大きな影響を与えているのです。

現在は学齢期の支援事業としての「学習支援塾」や「こども食堂」などが全国に広がり、民間を中心にした具体的なとりくみが展開されています。それは地域における子どもの貧困問題に対して、抜き差しならない子どもの権利保障問題として専門家や心ある人々が学習権および健康と食の保障のために尽力をしている姿がそこにあります。

こうした献身的なとりくみを高く評価しながらも、現在、子どもの貧困問題でエアポケットになっているのが乳幼児期の対策です。学童期の子どもへの施策やとりくみは比較的成果も見えやすく、例えば高校・大学進学率などの数字としての改善が見えることになります。その点では乳幼児期の貧困対策は具体的成果が見えにくい状況があります。

しかし乳幼児期の発達に関していえば、感情・意欲の系と認識・操作の系があることを踏まえると、乳幼児期はとくに前者の感情・意欲の系の発達に比重を置いて形成していく時期であるといえます。当然のことですが、ふたつの発達の系は相互に絡みながら規定しあい、発達を促進していくのです。感情・意欲の発達は、その状況や成果が具体的に見えにくいのですが、それはこの時期が感情・意欲の形成期であり、その獲得こそが求められるのです。人間への基本的信頼感の醸成など、人間発達の土台が形成されることが、学童期、青年期におけるさまざまな課題の獲得へと確実に連動していくことになるのです。

そうした乳幼児期の身体的・情緒的発達と生活の安定を阻害するのが貧困です。ではその貧困の現実に気づくために何に注意をしたらいいのかを次に考えてみましょう。

2　乳幼児の貧困調査の知見

『西日本新聞』（二〇一六年二月二日）によれば、長崎大の小西祐馬准教授（児童福祉）が保育園児の保護者を対象に実施した調査（二〇一四年一二月〜二〇一五年二月、長崎市内にある一〇保育所の保護者七三一人を対象に実施し、四二〇人が回答）から、親の収入が低いほど乳幼児期の子どもの食生活や医療に関して困難な状況に陥ることが指摘されています。その調査では世帯年収の合計が三〇〇万円未満を低所得層、三〇〇万円以上五〇〇万円未満を中所得層、五〇〇万円以上を高所得層と分類し、集計しています。

低所得層の五四％はひとり親家庭が占めています。朝食や夕食で「果物をほとんど食べない」のは低所得層の一七・三％に対し、中所得層一四・二％、高所得層七・四％となっており、反対に「スナック菓子を週五日以上食べる」に回答したのは低所得層が一三・五％、中所得層八・四％、高所得層七・四％となっています。長崎市で医療機関にかかる場合、乳幼児医療費助成制度を使っても八〇〇円の自己負担金が生じるため「経済的に厳しくて行けない」が低所得層に七・七％も存在しています。七〇〇〇円程度かかるインフルエンザワクチンを毎年接種しているのは、高所得層六〇・三％に対し、低所得層四八・五％。おたふくかぜワクチンも高所得層は四五・四％で、低所得層は二八・七％という状況です。

また音楽や水泳などの習い事をしているのは高所得層が二六・九％、低所得層は五・九％。子どもに「大学まで進学してほしい」と望む高所得層は六七・五％だったのに対し、低所得層は四三・

八％にとどまっています。乳幼児期は「人間形成の土台」で、基本的な生活習慣や感受性などを身に付ける時期といえます。

アメリカでの研究で、乳幼児期に貧困だった子どもは、学齢期に貧困だった子どもより成人後も貧困状態に陥るリスクが高いことが分かっています。調査はさまざまな経済的な背景を持つ子どもたちの脳を、産まれた時から四歳になるまで、数か月ずつに分けて検査することで行われました。すると産まれた時の脳の大きさはどんな背景を持つ子どもでもほとんど変わらなかったのに対して、成長の早さでは特に貧困層と裕福層に有意な差が確認されています（"Poverty influences children's early brain development," *Science News*, December 11, 2013, University of Wisconsin-Madison: http://www.sciencedaily.com/releases/2013/12/131211183752.htm）。

貧困により人間とりわけ子どもに与える影響は、①保護者が妊娠を喜びだけでなく、躊躇と不安のなかで迎え、②乳幼児期の健康と発達の面でも少なくない格差を生じさせることになり、③人生のスタート時点から発達機会・教育的体験と意欲を奪われている実際があります。そのうえに④生活の危機的状況のもとで未来への希望を喪失していることも深刻な問題です。食生活の貧困、ワクチンの未接種、家庭における養育者の不在状況、場合によっては虐待が発生する危険性も高まります。まさに貧困は人間のいのちと健康、基礎的生活基盤を揺るがすことになり、乳幼児においては人生はじめから発達環境の制約と格差が露わになっていくのです。

3　乳幼児における子どもの貧困対策の意義

子どもの貧困対策といってもその対象は〇歳～一八歳までを基本的な範囲としていますが、必要に応じて二五歳程度までを対象とすべきです。ＯＥＣＤ編著『ＯＥＣＤ保育白書――人生の始まりこそ力強く／乳幼児期の教育とケア（ＥＣＥＣ）の国際比較』（星三和子他訳、明石書店、二〇一一年、四五、四六頁。原書 *Starting Strong II* は二〇〇六年刊行）によれば、乳幼児期サービスを公共財と考える動きは、教育学者だけでなく経済学者においても支持される現状があります。「乳幼児の基礎ステージに投資することは、次のステージの生産性を高め、それが繰り返される」のであり、また「一般的に家庭外の良質のチャイルドケアは、早い時期から始めればプラスの効果をもつことが、研究によって再確認され」、乳幼児期への施策が重要な意味を持っていることがわかっています。早期支援で重要なポイントは、子どもへのケアとともに保護者とくに母親への教育的支援のあり方が問われており、個別訪問指導と生活支援の具体的中身の検討が必要になっています。早期の支援は、クライシス・マネジメントの対応プログラムとしての性格を持っているのです。

4　「乳幼児の貧困」問題に気づくために

1　子どもの貧困に気づくためのポイント

乳幼児の貧困に気づくことはそんなに簡単ではありませんが、行動や表情・外見などから兆候と傾向を確認することはできます。そのポイントを列挙しておきます。ただここに挙げていることは視覚的感覚的に発見の気づきとなる〝傾向的特徴〟というべきことで、子どもの貧困の発見にすべて直結しているわけではありません。大事なことは、〝なにかヘン⁉〟と感じることができるセンス（感覚的判断力）なのです。子ども虐待の発見のポイントと重なることが少なくありませんが、それは虐待の根底には子どもの貧困があり、虐待と貧困はメダルの裏表の関係にあることによります。

①　子どもの表情が暗く、喜怒哀楽の表現が乏しいことも気にしておきたいものです。これは貧困を抱えている家族関係にはあまり豊かなコミュニケーションを育むだけの余裕がない暮らしをしていることに起因している場合が少なくありません。またさらに日常的に暴力的言動がくり返された場合には、感情表現のトレーニングが乏しくなることがあげられます。とくに虐待が重なっている家族関係のなかでは、幼児は感情のスイッチをオフにすることで感情を抑え、虐待者を刺激しないために無表情を装うという面があるのです。

②　給食の際に、からだに見合わない量を食べ、食べ方もガツガツと食べることがあります。日

常の生活で三食を確実に食べていないこともよくみられます。ゆっくりと食事を楽しみながら食べる経験が少ない乳幼児がいることも見逃がすわけにはいきません。また食べ物の好き嫌いが激しいことも食生活のゆがみを物語っていることがあります。

③　子どもの年齢と比較すると、低体重・低身長の傾向がみられます。同時にインスタント食品やお菓子類などが食事替わりであったりするので、肥満傾向が顕著な子どもも見られます。

④　衣服に関して、汚れたままになっていたり、場合によっては同じ服を着たままで登園したりする場合などもあります。季節にあわない服装、ボサボサの髪、不衛生な身体状況など、子どもを総合的に見ることで気づきが可能になります。こうした状況はネグレクトや心理的虐待が重複していることが多いことにも注意をしておきたいものです。

⑤　ベタベタと甘えてくる状況も保護者との関係で受け入れられていないことを推測できます。反対に他の子どもとの関係ではケンカやいじめなどの行動も目立つことがあります。人間関係の距離感や感情的な交流のトレーニングがされにくい家族環境にあることも留意しておきたいものです。

⑥　ひんぱんな欠席や遅刻、居眠り、さまざまな問題行動を起こす傾向は、生活の不安定さと人間関係の形成のあり方に関する課題でもあります。〝困った子ども〟は困っている子どもであるという捉え方をしたいものです。乳幼児の行動の背景にある家族環境を考える専門的思考が問われています。

⑦　子どもの自己肯定感が高くない傾向にあることも意識してみておく必要があります。それは

暮らしのなかで〝あきらめの文化〟の影響を受けつつあることも理解しておく必要があります。貧困の文化の根幹には、あきらめの文化があるのです。

⑧　必要な医療的ケアを受けていないことも多く、病気がちな傾向も要注意です。とくに虫歯が多くあり、治癒されないままにあることも少なくありません。〝口腔の中をみれば、子どもの暮らしが見える〟という歯科医からの発信があります。

⑨　保護者が自らの暮らし向きや子どもの話題、子どもとの関係を、あまり話そうとしないことも注意しておきたいものです。それは語りたくない状況を自覚していることもあるでしょう。語りにくい心情を理解しようという努力をしたいものです。

⑩　保育料の滞納や納入金の遅延などに関しても、しばしばみられる家族状況の特徴です。単に怠慢な保護者などと即断せずに、貧困世帯であるかもしれないという視点で家族を支えていくことも重要な観点です。

こうした乳幼児の貧困問題の現象をつかんだうえで、子どもを注意深くみることによって、気づきの能力を高めることが必要になります。子どもの貧困の見落としは虐待へと連動しやすいのです。虐待の見落としは子どものいのちと権利の侵害を防げないことになります。研修を含めて気づくための努力を不断に継続していくことで、子どものいのちと暮らしを守っていく専門職としてのちからを高めていきましょう。

2　「子どもの貧困」を発見するための視点

子どもの貧困は、その貧困率一六・三％、六人に一人であることはよく語られるようになってきましたが、それでは貧困状態にある子どもはどこにいるのでしょうか。そこにいる子どもの貧困の当事者にアプローチし、具体的な支援をしていくためには、子どもの貧困の実際の姿・雰囲気・言動などから「子どもの貧困」を発見していくことが大切です。

子どもの貧困は、数字や抽象的な定義や規定の中にあるのではなく、子どもの姿のなかに見えてくるものなのです。子どもの貧困の現実は、家族・保護者、子どもの真実を見ようとしなければ見えない問題です。

いま子どもの貧困に関わる専門職・市民にとって、大切にしたいことは、発見を通して何が求められ、どのような支援が可能なのかを考えることです。そのためには貧困であることがいかに切ない暮らしを強いられてきたのかを知る努力が私たちに求められているのです。自己責任論に基づいた貧困の原因論や〝ぜいたくの文化〟の影響を受けた貧困像などが意識的に流布され、貧困バッシングが行われているなかで貧困の真実に迫ることが重要なのです。貧困発見の視点を整理してみます。

A　外見から推測できる子どもの貧困

① 衣服の汚れに無頓着で、同じ服を着続けている場合もある。また綻びたところの繕いがされておらず、体型と合ってないこともある。靴下も穴があいていても、そのままになっていることも

少なくない。

②　手足の爪などが定期的に切ってもらえておらず、不衛生な状況にある。

③　靴やスリッパがボロボロになっているのに、買い替えられていないまま使っている。

④　散髪がされてなかったり、髪をとかしてもらっておらずボサボサのままであったりすることも日常的にある。

⑤　傷の痕がみえているのに、手当てがされてないことも少なくない。

B　言動から感じ取る子どもの貧困

①　落ち着かない態度や雰囲気がある。集中して物事に取り組むことに慣れていない傾向がある。

②　荒っぽい言動やすねたりすることもあるが、自分への関心を持ってもらいたいという心情の裏返しである場合も多い。

③　手を洗うなどの生活習慣が身についていないことも注意しておきたい。

C　日常生活の様子から見えてくる子どもの貧困

①　虫歯がかなり多くあり、治癒されてないことも少なくない。親が病院に連れて行くこともなかなかしない（経済的理由などで行けない）。

②　食生活にムラがあり、嫌いな物がかなりある。好き嫌いが激しく〝わがままな子ども〟という印象を与える点も要注意である。菓子類を頻繁に食べていることも傾向としてある。

③　視力がかなり悪いのに、メガネ・コンタクトをしていない。

④　栄養面で不健康な生活をしているので、発熱・風邪をひきやすい傾向がある。
⑤　夏休み明けで、体重がかなり落ちている子どもがいることも注意をしておきたい。
⑥　貧困家庭ではとくにシングルで子育てをしている保護者は、夜間までの仕事やダブルワーク、トリプルワークをしていることも多く疲れた生活をしている。子どももその生活の中にあって、疲れを蓄積した状態にある。

D　専門領域から考える子どもの貧困

［学校分野から］
①　学校生活で荒れていることもあったり、ケンカやトラブルを起こしたりすることもある。
②　家で簡単な傷などの手当ができないので、朝から保健室にくることも多い。たびたび保健室に来て、話をしたがるのも話し相手を求めての行動であることが多い。
③　遅刻や不登校、怠学であることも少なくない。
④　給食費や教材費、遠足費用などの納入金が払えないことがある。
⑤　学習塾や習い事、クラブ活動をしていないことも多い。それは費用的な制約による。
⑥　文房具などの忘れ物が多い傾向がある。

［医療分野から］（資料出所／全日本民医連ホームページ http://www.min-iren.gr.jp/?p=27014）
①　保険証がよく変わる➡転職を繰り返し、その間に収入が不安定になる。
②　医療費の支払いが困難・滞納している。

③　治療拒否→任意のワクチン接種など、有料の治療をためらう。
④　子どもや親の言動・表情→子どもがおびえており、無表情である時は、虐待やネグレクト、発達障害などの可能性がある。
⑤　継続的な治療が必要なのに定期的な受診がない。
⑥　毎年更新が必要なひとり親家庭医療費助成制度の更新がない。

5　乳幼児の貧困対策のプラットフォームとしての保育所

国・文部科学省は「学校を子供の貧困対策のプラットフォームと位置づけ、総合的な子供の貧困対策を推進するとともに、教育の機会均等を保障するため、教育費負担の軽減を図る」（ここで使われている「子供」は変換間違いではなく、なぜか官公庁では子供と表記することになった）ことが謳われていますが、乳幼児の貧困問題については保育所がそのように位置づけられるべきです。プラットフォームとは駅などの、車両に乗り降りする所であり、状況を見晴らすことができる場であり、子どもの貧困問題への動きと対策をつくる基盤と位置づけることであるといえます。

乳幼児期の貧困問題に関わっていえば、「ひとり親と低所得家庭は、チャイルドケアが欠如していたり、費用が出せなかったり、ケアの質が劣悪な場合にとりわけ脆弱となる。特に母子家庭の母親は、労働市場から離れざるを得ないことが多く、生活保護によって生きるのがやっとという状況に陥る」(『OECD保育白書』前掲、四一頁)のです。この時期はまさにひとり親家庭と低所得家庭の初期段階でのとりくみが求められており、保育所の役割として何を引き受けていくのかが問われているのです。

「一般的に家庭外の良質のチャイルドケアは、早い時期から始めればプラスの効果をもつことが、研究によって再確認され指摘されている」（前掲、四六頁）のです。「一般的に家庭外の良質のチャイルドケアは、早い時期から始めればプラスの効果をもつことが、研究によって再確認され指摘されている。たとえば、乳幼児の発達上のメリット、女性と家庭への経済的利益、生産性と税収の増加によるプラスの社会経済的効果、労働市場の規模と柔軟性、社会福祉および社会的結束と地域社会の発展、最後に、学習の基盤がうまく築かれた場合の子どもの学習成績の向上など」（同前）をあげることができます。

図Ⅰ－2－1にあるように、就学前（乳幼児期）プログラムへの財政投入が「人的資本投資に対する収益率」（人間形成への財政投入の積極的効果）が高いことは共有されている認識です。『保育プロセスの質』評価スケール』（イラム・シラージ他著、秋田喜代美他訳、明石書店、二〇一六年、二六～五三頁）の研究を参考にいえば、乳幼児期のケアの質は、①「信頼、自信、自立の構築」、②「社会的、情緒的な安定・安心」、③「言葉・コミュニケーションを支え、広げる」、④「学びと批判的思考を支える」、⑤「学び・言葉の発達を評価する」などがあげられます。こうした実践プロセスの質を高めていくことに「人的資本投資」は効果性が高いのです。人間の基礎的能力を形成していくことが乳幼児期の貧困対策の重要なポイントです。

ではどんな乳幼児期への施策が考えられるでしょうか。

第一に、出産前のケアとともに出産後のケアは、貧困世帯の中にいる子どものリスクを軽減していくことになります。必要な家庭訪問や質の高い保育が統合されてすすめられ、さまざまな社会資源と専門機関を利用することは、発達上のリスクを背負っている子どもにとっては重要な援助となります。その意味で現代の保育は病院や保健所、各種の相談所に家族をつなげるソーシャルワーク機能が求められています。

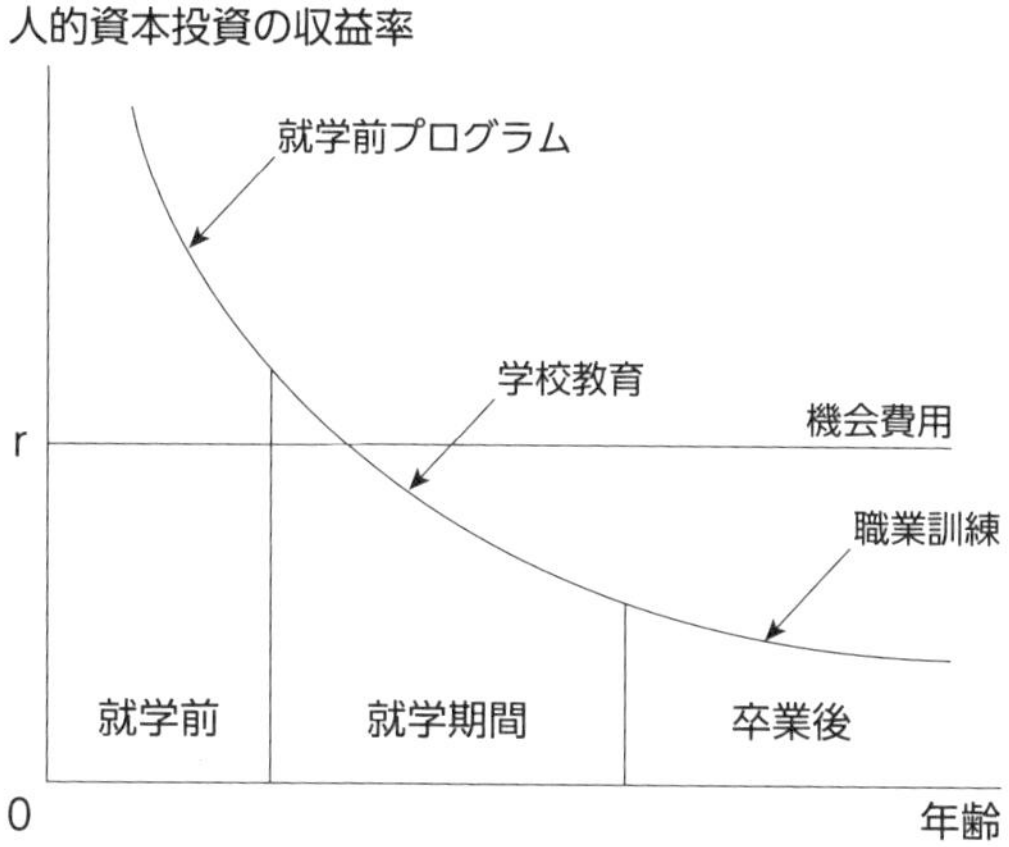

図Ⅰ－2－1　人的資本投資に対する収益率

注：生涯において同一額の投資が行われる仮定。

出所：『OECD 保育白書』前掲、明石書店、46 頁。

第二に、子どもの健康と食の保障は重要な課題です。子どもの身体的精神的な健康のチェックと支援のあり方が問われています。社会資源へのつながりをどのように具体化するのかが問われています。保護者の生活力を育むことも重要な課題としてあります。

第三に、子どもには子どもの生活や人間関係のスキルを体得させる実践課題があります。保育中によそ見をしたり、おしゃべりをしている子どもは、集中力やコミュニケーション能力に問題があるというだけではなく、何に耳を傾けるべきなのか、話す順番を待つ、というルールなどのチャイルドスキルを学ぶことができていないのです。これには、怒ったり、言葉で禁止をしたりするのではなく、他の子との関わりやＴＰＯに応じた関係のとり方を体得させる必要があります。子どもがどう行動したらよいのかというスキルを教えられているのかを考えてみたいものです。

6　子どもの貧困問題の解決のために

子どもの貧困は実に多様な現われ方をしており、何をどう解決していくのかは多面的な施策が求められます。したがって人生はじめの貧困問題に対してどのような問題状況を解決・改善・緩和していくのかという観点から、対策を考えることが大切です。

初期の段階で貧困問題へのアプローチがなされることで、まず就学期、青年期以降にまで貧困による発達的悪影響を持ちこさないということができます。その次に家族への支援が家族史の初期の段階で具体化されることで、貧困の悪影響が深刻化することを改善・緩和する継続的支援の出発点となります。これらの点を踏まえて、乳幼児期の貧困問題への支援の重要性を確認しておきたいと思います。

1　乳幼児の貧困対策を考える視点

乳幼児の貧困対策を考える四つの視点をあげておきます。

第一の視点は、親・保護者への経済的支援の比重の大きさを踏まえた支援策の検討が求められます。その内容は税の控除と社会保障の充実という基本的な施策として問われます。日本は所得の再分配政策（貧困・格差の現実を踏まえて経済的生活の実態的な平等をすすめる施策）がほとんど機能していない国となっています。児童手当と児童扶養手当だけではなく、子育てに必要な手当等が新設・拡充される必要があります。

ちなみにフランスにおける児童・家族手当は二〇を超える種類があります。家族手当はもちろんのこと、低所得家族手当（約二万円）、保育料手当、学童手当（六歳〜一八歳までの就労する子どもをもつ家庭で、所定の所得以下の家庭に給付／約三万八〇〇〇円）、看護手当、それに引越し手当（子どもを持つ家庭が引越しする際の費用／上限額は一一万七〇〇〇円）もあるのです（山田千秀「フランス及びドイツにおける家族政策」『立法と調査』二〇一〇年一〇月、三一〇号、四〜八頁）。

第二の視点として、権利としての保育保障の視点が不可欠の内容です。子どもの貧困対策のエアポケットは乳幼児期の施策であって、その根幹には保育政策が問われています。共働きおよびシングルでの子育てを保障していくことが重要です。二〇一二年調査では、大人が二人以上いる共働き世帯で相対的貧困率は一二・四％、ひとり親世帯は五四・六％です。経済的支援策（金銭給付）だけでなく、現物・サービス給付をセットにした視点が求められています。

第三として、地域のなかで子育ての具体的な方法を伝えるための支援策が求められています。その方法としては専門家からの支援、当事者の相互支援などの方法などがあります。家庭の子育てと管理運営に関する親支援は重要な観点です。その課題のなかには、子育てを女性の固定的な役割とするのではなく、両性の平等実現の課題として位置づけることが求められているのです。

第四に、健康保障の視点が乳幼児期の場合にはとくに必要な視点です。医療的な緊急対応ができるためにも「子ども医療費無償制度」が早急に求められているのです。一八歳未満の子どもの医療費の無償化は緊急の課題となっています。各自治体での制度の拡充がすすめられていますが、国レベルでの制度化が求められています。

2　乳幼児期の貧困への四つの処方箋

①健康・医療への貧困対策

貧困世帯の子どもだからといって受診をすることを制限されることがあってはならないことです。憲法二五条で「一　すべて国民は、健康で文化的な最低限度の生活を営む権利を有する。二　国は、すべての生活部面について、社会福祉、社会保障及び公衆衛生の向上及び増進に努めなければならない」と明記していますが、実際の国民の生活と照らし合わせると、九条をめぐって議論されているような解釈改憲や明文改憲ではなく、実態改憲になっているといえます。

足立区の「平成二七年度報告書　子どもの健康・生活実態調査」（二〇一六年四月発表）では「生

活困難」世帯では、五本以上の虫歯がある割合（一九・七％）は、生活困難ではない世帯の割合（一〇・一％）の約二倍であり、朝食を毎日食べる習慣のない子の割合（一一・四％）は生活困難でない世帯の割合（三・五％）の三倍となっています。

具体的な政策として、①無償化を基本にした一八歳未満の子ども医療費無償制度の確立、②子どもの食生活と健康問題、子育て問題を含めた相談システムの整備、③子育て家庭の親の精神的な疾患、抑うつ傾向への支援システムの整備、④保育所等での朝食提供（登録制）などをあげておきます。

②衣食住の基礎的生活への貧困対策

人生はじめの乳幼児期における衣食住は前提としての安全が保障される必要があります。とくに親の生活時間と労働実態に乳幼児の生活が制約される現状があります。睡眠時間の確保は重要な課題ですが、貧困世帯においては親の働き方（雇用者の働かせ方）が長時間・不安定・流動的であることが多く、乳幼児の生活リズムは不安定になっていることが多いのです。

食生活は健康なからだづくりのための土台を形成する営みです。その点で三食を確実に取れない状況や年齢に応じた食生活が保障されないことも貧困世帯の実際です。住生活においても所得の少なさは狭いアパート生活を余儀なくされることになりますし、居住地が不衛生で危険度の高い環境である場合も少なくありません。そうした地域・住環境はコミュニティにおける子どもの活動に制約を加えることにもなりやすいのです。

こうした基礎的生活の貧困化への具体的な政策が求められているのです。

具体的な対策としては、①「新生児養育手当」の新設、②看護手当（一八歳まで）の拡充、③ひとり親・両親との関係を持っていない子どもトラスト制度の創設（出生時もしくは親との関係を失った子どもへの銀行口座の開設と行政支援機関からの振り込み）、④妊産婦支援の充実、⑤養育支援訪問（養育困難改善事業）、⑥乳幼児健康診査の低所得家庭への重点的訪問、⑦保育所での朝食サービスの実施（登録制）、⑧小学校入学前準備費用の助成制度などをあげておきます。

③経済的な貧困対策

経済的な貧困対策は、1章7節の2を参照（本書三一〜三六頁）。

④保育・幼児教育対策

貧困対策のもっとも重要なポイントは、家族史の初期の段階で「貧困の世代間連鎖・継承」にストップをかけることができるかどうかです。その点で保育・幼児教育保障はもっとも重要な課題となっており、現在、具体的に取り組まれている施策ですが、子どもの貧困対策としての機能は意識されていたとはいえません。

具体的な政策として、①家族生活支援制度の拡充、②保育・幼児教育の実質的無償化、③家庭的保育の費用援助、所得に応じて全額保障、④ファミリーソーシャルワーカーの配置による貧困家庭の支援、⑤国家予算における家族・子育て分野の大幅増額（家族関係社会支出の対GDP比を、二〇一一年現在の一・三六からEU並みの二％へ）などをあげておきます。

7　人生はじめの貧困問題への政策提案

乳幼児期の貧困問題にどのような制度・政策・とりくみが必要であるのかについて提案をしておきます。

保育所・幼稚園入園時、小学校入学時に子どもの貧困に関する実態調査を実施することを提案しておきます。親・保護者の所得水準、納税状況、住居環境、食生活の実態（三食とっていて、栄養面でも必要な食品を食べているかなど）、虫歯の状況、健康面など、子どもの実態を把握することが対策のための前提条件となっています。

そのうえで以下のような乳幼児期、学童期（小学生対象）への基本的な施策である現金給付と現物給付の政策を列挙しておきます。基本的には子どもとその家族のライフサイクルのすべての局面に対応する施策の検討が必要です。そのためには積極的な財政投入が必要なことはいうまでもありません。

現金給付と現物（サービス）給付以外にも、子ども・乳幼児の貧困問題へのとりくみをすすめるための制度の新設が必要です。地域に責任を持つ「子どもの貧困対策支援員」の配置や学習支援員の学習支援塾への派遣なども検討されるべきですし、こども食堂への行政からの財政的人的支援も重要です。

表Ⅰ-2-1　人生はじめの貧困問題への政策提案

年齢･発達段階	現金給付	現物（サービス）給付
乳児期(出生前を含む)	･「新生児養育手当」の新設 ･看護手当（18歳まで）の拡充 ･ひとり親・両親との関係を持っていない子どもトラスト制度の創設（出生時もしくは親との関係を失った子どもへの銀行口座の開設と行政支援機関からの振り込み）	･妊産婦支援の充実―保健所 ･養育支援訪問（養育困難改善事業） ･乳幼児健康診査の低所得家庭への重点的訪問 ･国レベルでの子ども医療費無償・助成制度の創設
幼児期	･私立幼稚園就園奨励費補助金の拡充 ･「家庭保育助成手当」（家庭的保育雇い入れ手当）の新設 ･低所得家庭への手当支給 ･保育料助成手当	･幼稚園、保育園への就園奨励事業 ･保育所を基盤にした貧困支援事業 ･家族支援専門員の配置 ･保育所での朝食サービスの実施（登録制） ･小学校入学前準備費用の助成制度
学童期(小学生)	･就学援助制度による援助対象の拡充（生活保護水準の1.5倍を基本に。国庫補助率は1/2で、平成27年度の予算額は約8億円） ･就学援助制度の条例化 ･学童保育手当の新設 ･入学手当て、学年手当の新設	･子ども医療費無償・助成制度（新生児～18歳までを基本に、障がいを持つ子どもには延長可）の創設 ･学習支援のメンター制度 ･学校での完全給食の完全実施 ･学校での朝食サービスの実施（登録制）

出所：著者作成。

さらに足立区のように、政策経営部に「子どもの貧困対策担当部長」のもとに、同担当課長、同担当係長が配置されることも必要な組織改革です。こうした組織改革と担当部署の開設が必要不可欠です。**表Ⅰ-2-1**にまとめます。

3章　労働問題の視点から子どもの貧困を捉える

1　人間らしく働くことと非人間的労働の分岐点

1　子どもの貧困を規定する労働問題

3章のテーマの意義は、子どもの貧困を通して見えてきた労働問題という側面とともに、今日の子どもの貧困問題のみならず貧困問題全般を労働問題から根源的に問い直していくことです。

子どもの貧困についていえば、今日、問題解決への社会的うねりが生まれていることは大きな前進ですが、いくつもの問題状況があります。そのひとつは子どもの貧困問題の具体的な現われに対して、公的な制度による不十分な対応のもとで、民間団体や個人などの社会的なとりくみを原動力として展開されていますが、貧困を生み出す根本問題に関しては十分に論究されているとはいいがたいのが実際です。その点では生活基盤である経済的な収入は、労働による賃金収入（稼働所得）

の現状と課題を分析することが必要不可欠です。

また親・保護者の働き方（働かされ方）は低所得水準だけの問題ではなく、雇用者側の自由裁量制によって長時間・コマ切れ・非定型的な労働の実態が子どものいる家庭生活に否定的な影響を与えていることも事実です。失業と雇用調整はさらに働く権利自体を奪っている現実があります。

2　新自由主義が子どもの貧困に拍車

とりわけ世界的な趨勢から遅れて一九九〇年代から本格的に展開された新自由主義は労働のあり方を根底から変えることになりました。一九九五年に発表された日経連（当時）の「新時代の『日本的経営』」は、従来の年功序列賃金と定年までの雇用を保障した日本型雇用システムを転換させ、社員層を①企業経営の根幹を担う「長期蓄積能力活用型」の少数の社員、②専門職機能をもった「専門能力活用型」、③定型業務を中心に担わせる「雇用柔軟型」の三グループに分けて管理するという労働システムを形成し、労働分野の規制緩和がすすめられました（中野麻美『労働ダンピング』岩波新書、二〇〇六年、iv～v）。そうした労働政策の転換が貧困の増大と格差の拡大を進行させ、子どもの貧困を生み出し深刻にする供給地盤となってきたのです。

さらに新自由主義の社会的浸透と実権の掌握は、社会的連帯と地域コミュニティの破壊をすすめることになりました。そうした社会的状況に対して、新保守主義による強制的な上からのあるべき連帯と行動規範が押し付けられることとなりました。学校教育における非寛容（ゼロ・トレランス）

政策も道徳の強調とともに現場に影響を与えてきました。そうした実態が進行するもとで家族においても自己責任論が強調され、生活保護や就学援助などの制度を利用することを社会的に抑制してきたのです。今日の貧困バッシングはさらに自己責任論を強化する役割を果たしているのが実際です。

このような現状を踏まえて、「ふやすな！　子どもの貧困」という観点で、今日の子どもの貧困対策の分析と政策形成を考えることが重要です。いまの問題は三〇年間、ほぼ一貫して子どもの貧困が増え続けている問題点を解明することなく、計画が立案され政策的に推進されようとしていることです。いまある子どもの貧困問題へのさまざまな政策と地域におけるとりくみがすすめられ対応をしていくこととともに、結果的に対症療法で終わらないためには、子どもの貧困が増加している根本問題への解明が必要です。

あらためて子どもの貧困とは何かという点から考えてみたいと思います。

2　子どもの貧困とは何か

子どもの貧困は一般的には「家庭内での公平な資源配分を前提に、家族の人数と構成を考慮したうえで、子どもにかけられる所得がその社会で成長する子どもにかけられる所得中央値の半分以下である」場合に、その存在を確認することになります。グローバル経済においては、雇用主が求める技能を持たない家庭はたやすく貧困に陥ってしまいます（『ＯＥＣＤ保育白書』前掲、四〇～四一頁）。

子どもの貧困とは、子どもの権利条約で明記されている子どもの権利が保障されていない生活状況で、①衣食住などの基礎的生活が保障されないままにいる貧困世帯のもとで暮らしている子どもの存在のことです。子どもの場合はとくに②教育・進学の権利が保障されないままにあり、国・自治体から〝見捨てられた〟状態にある子どもの実態でもあります。さらに③人生を歩んでいる初期の段階＝子ども期において希望（人生へのチャレンジ権）を奪われつつある子どもたちの実態のことでもあります。今日の状況は子どもの貧困の存在を確認するだけでなく、解決への道筋をつけていくことが私たちおとなに問われているのです。

子どもの貧困を決定する要因は、場合によっては「親の不完全就業、所得の不平等、不十分な所得移転、また場合によっては、手ごろな料金のチャイルドケアが見込めないことなど」（前掲書、四一頁）数多くあるのが実際です。「親の不完全就業」とは、失業や低賃金で社会保障のないパートタイム就業などが含まれ、その大半を女性が占めているのが実状です。

厚生労働省の調査によれば、一九八五年に一〇・九％だった子どもの貧困率は年々増え、二〇一二年には一六・三％にまで増加しました（表Ⅰ－１－１、一九頁参照）。さらに、一人当たりの可処分所得の中央値（データを小さい順、または大きい順から並べたときに、ちょうど真ん中に位置する値）自体も一九九七年の二九七万円をピークに徐々に下がり、二〇一二年には二四四万円にまで低下しました。それにともなって貧困線は一九九七年には一四九万円だったのが、一二二万円にまで低下しています。貧困線が低下すると一般的には貧困率が低下する可能性が大きいのですが、反対に貧困率が増加しているのですから、収入の少ない家族のもとで暮らす子どもの数が急増しているという深刻な事態です。

ユニセフ（国連児童基金）が、最貧困層の子どもが標準的な子どもと比べてどれくらい厳しい状況にあるかの報告書をまとめたと報道がありました（『朝日新聞』二〇一六年四月一四日）。下から一〇％目の最貧困層の子どもと中央値の子どもとの所得格差の比較で、格差が大きいほど貧困の深刻度が高いということですが、日本は先進四一か国中三四位です。貧困の格差が少ない北欧諸国では、最貧困層の子どもに配分される所得は標準的な子どもの六割ほどですが、日本は四割に満たないレベルで深刻さが目立ちます。

こうしたもとで、子どもたちが厳しい生活を強いられている事例が各地で続出しています。夏休みに一〇キロやせてきた中学生、虫歯が二〇本あり、治療されていない子ども、修学旅行の積立金を取り崩して生活費に充てる親……。これを放置しておいていいのかがいま私たちに厳しく問われているのです。

厚労省調査の中央値と貧困線が下がり始める一九九八年の前後を見てみますと、一九九六年には労働者派遣法の改悪によって派遣労働の対象業務を一六種から二六種に拡大し、九九年には原則自由化し、非正規労働者が急増していきます。九五年には、正規労働者が約三八〇〇万人、非正規労働者が約一〇〇〇万人でしたが、二〇一五年には正規は約三三〇〇万人、非正規は二倍の約二〇〇〇万人となっています。

厚生労働省の「平成二七年賃金構造基本統計調査」によれば、男女合計の平均賃金は正規で三二一万円、非正規被雇用者で二〇五万円ですから、非正規の増加が貧困の増大をまねいていることは明らかです。女性だけをみれば、正規で二五九万円、非正規で一八一万円（月額一五万円）と、とうてい自立して生活できる賃金ではありません。ここにはひとり親家庭の親も入っているわけです。日本のひとり親家庭の貧困率は五四・六％と、経済協力開発機構（ＯＥＣＤ）加盟三四か国で最悪です。母子世帯の親たちの就業率は八〇％を超えますが、雇用者のうち（就業率は八〇・六％）パートなど非正規雇用は五七％です（厚生労働省「ひとり親家庭等の現状について」二〇一五年四月）。

このように、賃金（稼働所得）という、生活の「土台」確保の収入源が深刻な状態になっている現実があります。

子どもの貧困を考えるうえでも、「降格する貧困」という概念に注目をしておきますと、「『貧困層』と呼ばれる人々の数がますます増加し、その多くが生産領域の外へと追いやられる社会的布置関係をあらわしている。それによって、かれらの困難が増加し、社会福祉サービスにたいする依存状態が高まるおそれがある」ということです（セルジュ・ポーガム著、川野英二・中條健志訳『貧困の基本形態――社会的紐帯の社会学』新泉社、二〇一六年、二八八頁）。「転落としての貧困」がハンディキャップの蓄積をまねくプロセスを引き起こしており、失業には経済的貧困と社会的孤立をともなうリスクが付きまとっているのです（前掲書、二八九頁）。そうした貧困の実態が「ネガティブなアイデンティティの形成」（前掲書、二四二頁）へとつながっており、そのことはまた自らの価値を下げるような傾向と特徴を強固にしていきます。自己イメージの貧困が自らの価値の低下サイクルを形成することにもなっており、それが貧困の再生産のひとつの要素となっているといえます。

3　子どもの貧困の構造と再生産

1　子どもの貧困の構造を捉える

子どもの貧困が発生する社会的背景と構造を、「図Ⅰ－1－1　子どもの貧困問題の社会的背景」（本書二二頁を参照）で確認をしておきます。

子どもの貧困を生み出す土台に「①生活の不安定化と生活不安の増加」があります。非正規雇用の広がり、長時間労働、コミュニティの脆弱化などのすそ野が確実かつ急激に拡大している現状があります。

そのうえに「②所得格差・貧困の拡大」が現代社会において生じています。子どもの学習権保障にかかわる就学援助制度や生活保護の受給者が確実に増えていることに示されています。①、②の土台の上に、③のように「ひとり親世帯や疾病入院患者を抱える世帯」を生活困難・生活苦・生活トラブルが直撃することになります。さらに「④家族の養育機能障害」が児童虐待などの現実として現われてきます。すでに児童虐待件数は二〇一六年度には全国で一二万件を超えるまでに増加しています。

そうしたなかから「⑤児童相談所への相談」が行われ、虐待に関する相談を含んだ「養護相談」は増加の一途をたどっています。二〇一五年度には全国二〇八か所の児童相談所で受理した「児童相談所児童相談」の総数は四二万件を超えるまでになっています。そのなかで親子分離してでも、もっとも困難を抱え優先してケアしなければならない子どもたちが、児童養護施設や乳児院などに入所します。そうした層が「⑥施設への入所措置」に至る子どもたちです。こうした社会的背景をみれば、児童養護施設や乳児院などは子どもの貧困問題が集約された場となっています。

さらに、施設入所などが保障されないままに、子どもの貧困と家族の養育機能障害が放置されると、最悪の結果として「⑦〝私的に〟抹殺され潜在化した児童養護問題（親子心中・子殺し）」「虐待死」となって社会問題化するのです。子どもの貧困は究極的には命の剥奪となって現われるのです。日本小児科学会は二〇一五年度に虐待で死亡した可能性のある一五歳未満の子どもが年間で三五〇人に上るとの推計を発表しました（『朝日新聞』二〇一六年三月一一日）。こうした子どもの貧困の構造の土台には「①生活の不安定化と生活不安の増加」があるのです。それは子どもの貧困の出発点でもあり、供給地でもあるのです。

したがって子どもの貧困の増加の背景である「①生活の不安定化と生活不安の増加」の根幹であ

る労働問題の民主的な規制と人間的な働き方の追求が問われているのです。

2　人間らしい労働と非人間的な労働の分岐点

〝人間らしく働く〟とは、どのような働き方なのでしょうか。そして非人間的な労働とはいかなる労働をいうのでしょうか。

本来、人間の労働はどのような性格をもった行為なのでしょうか。「労働過程の三つの契機」について、①労働の目的・機能（何をめざしてどのような結果を期待しているか）、②労働対象（何にどのように働きかけるのか）、③労働手段・技能（機械などの設備や施設などの手段および労働者の専門的知識・技術）であることを踏まえて考えてみましょう。

①は、労働プロセスにおいて働きがいと目的を意識できていることが重要です。このしごとで何ができているのかの自覚があることが重要なポイントです。現代の労働がまさに機械に使われていたり、上からの指示だけで働いていたりしている状況が労働の非人間性を広げている現状があります。とりわけ非正規労働、「ブラック労働（バイト）」などは労働の貧困化が促進されることになります。それは対人格労働においても同様です。

②は、労働の対象が直接・間接に関わらず社会と人間に貢献できていることを自覚している内容であるかどうかがポイントです。その点を働く者がいかに受け止めているのかが分岐点でもあります。労働の主体性の確保という観点が重要です。

③は、機械や施設、自らの知識と技能を労働目的のために、自覚的に組織し結合しているのかが問われています。むしろ機械やシステムに人間が使われている従属関係が広がっています。

人間らしい働き方の前提になっているのは、人間としての働く環境が守られていることです。八時間労働制はその第一のポイントです。八時間の睡眠の確保、八時間の生活時間の保障が人間らしい生活の基本構造です。その基本構造を変質させているのが労働政策の実際です。

これらのポイントが人らしく働くための分岐点でもあります。子ども・若者、人間全体に貢献しているのかどうかが見え、理解されているのかが重要な分岐点でもあります。子どものみならず人間の貧困の現実を受け止め改善をしていくために、自らの労働がいかに貢献しているのかを問い続けることも労働の貧困化に対抗する営みであるのです。

近代の労働の性格に関する三つの側面は、①イギリス的労働観である苦渋・苦役としての労働の側面、②アメリカのフォードに代表される労働のプロセスが利益・社会的価値を生み出していくという側面、③フーリエに代表されるフランスの理想主義的ユートピア的労働観で、人間の発達・人格形成にとって労働は大きな意味を持っており、人間の喜びの原動力となるという側面を内包しています。近代における労働の三つの側面を意識しながら、労働改革をすすめていくことも重要です。

政府によって「働き方改革」が謳われていますが、上記のような観点を踏まえて分析すれば、雇用者・資本の側の働かせ方こそが問われているのではないでしょうか。さらに労働問題に踏み込んで検討してみましょう。

4　現代の労働問題の解決抜きに子どもの貧困の改善はありえない

1 「労働の非人間化」の視点

今日の労働問題を検討してみますと、「労働の非人間化」の進行によって労働市場から排除されている労働者が確実に増加しています。ますます厳しくなるしごとに目的を見失い、苦しめられている現実が広がっています。そうした現実は同時に社会保障・社会福祉制度への期待を広げることにもなっているのですが、それらからも選別・排除されている現実が少なくありません。「労働の非人間化とワークフェア政策は、福祉国家の変質を表現する中心的な要素である。根源的な権力関係が最もはっきりと示されるのは、労働現場においてである」（アズビヨン・ヴォール著、渡辺雅男訳『福祉国家の興亡』こぶし書房、二〇一二年、二〇五頁）という指摘があります。

ここでいわれるワークフェア政策とは、生活保護などの「福祉」（welfare）の受給者に対して、一定の就労を義務づけ、給付を労働の対価とすることによって、就労意欲を醸成し、自立を促すとともに、就労を通じて、経済的自立能力を形成するという政策理念のことをいいます。しかしこの政策は、実際には労働市場からのさらなる排除と公的福祉制度の権利の取り上げ、という結果にならざるを得ない人々も少なくないのが実際です。

まさに労働力は市場で取引きされる商品であり、「商品としての労働者」の消費のし方が一般的になっています。労働市場から排除される労働者は増え続け、「ソーシャル・ダンピング」という言葉さえ生み出されています。この意味は使用者側が労働者同士の競争激化の状況を作り出すことです。その結果は賃金と労働条件の低下傾向を促進することになっていくのです。「労働の非人間化、労働市場からの排除、増え続けるソーシャル・ダンピング」は新自由主義政策の結果なのです。

新自由主義とは、個人の自由や市場原理を再評価し、政府による個人や市場への介入は必要最低限に抑えるべきとする考え方で、規制緩和の名のもとに公的領域の民営化などを強引に推し進めてきた経緯があります。今日のいわゆる〝アベノミクス〟は新自由主義政策そのものです。新自由主義政策によって非正規雇用者の比率が急激に高まってきたのです。

こうして仕事を十全にしていても貧困線以下の生活を余儀なくされるワーキングプアが生み出されてきました。労働のあり方をいまこそ検討し改革していくことが求められているのです。労働者の〝使い捨て〟が促進されることで福祉国家が解体されてきたのです。

2　子どもの貧困を規定する労働問題

子どもの貧困の根本問題としての労働問題の解決抜きに改善はありえないことについて、その第一は、「国民生活基礎調査」（平成二七［二〇一五］年調査）にみる「児童のいる世帯」における所得全体に占める「稼働所得」の割合は九二・一％を占めており、「年金以外の社会保障給付金」は二・三％にすぎないのが実際です。したがって子育て家庭における生活の基盤は、稼働所得によって成り立っており、現金給付としての公的支援はほとんどないに等しいのが現実です。このことの意味は、失業やリストラ、疾病などによる就労の停止などによって経済的生活基盤がすぐに不安定になってくることを意味しています。

ちなみに「大人が二人以上いる子どものいる現役世帯」においても、子どもの貧困率（平成二七〔二〇一五〕年）は一〇・七％です。

生活保障という観点に立てば、稼働所得による収入の増加とともに社会保障による所得収入の増額が求められているのです。そのことで貧困実態から脱出することも可能となるのです。アメリカの研究（アキー他 Akee.R. et al. 2008）によれば、世帯収入の二五％増を図ることで貧困状況を変えていくことにつながることが指摘されています。「九歳のネイティブ・アメリカンの子どもたちの世帯所得を外因的に大きく増やす（四分の一程度）ことにより、……その結果、十代後半での犯罪活動の減少、二一歳での学業成績の向上がみられた」。貧しい子どもたちほど、肯定的な影響はより大きく現われ、就学期間が一年間長くなったという結果が出ています（ＯＥＣＤ編著、高木郁朗監訳『子どもの福祉を改善する――より良い未来に向けた比較実証分析』「第七章　子どもの福祉を改善する――前進の道」明石書店、二〇一一年）。

第二に、人間らしい「生活時間」の保障という観点から労働問題を捉え直していくことが大切です（朝倉むつ子「生活時間をとりもどす」『経済』二〇一六年一〇月号、一九～三二頁）。そうした「生活時間」を確保するためには、労働時間の短縮が必要不可欠の課題となっています。安倍内閣は「一億総活躍プラン」（二〇一六年六月二日閣議決定）で「長時間労働の是正」を掲げていますが、時間外労働の「規制の在り方を再検討する」ということを提起しているだけです。

長時間労働による生活時間の剥奪・希薄化について、子どもの貧困という問題把握の視点から考えると、子どもの居場所としての家庭生活の保障に関わる問題であり、基本的な生活習慣の未形成と子ども期における経験の剥奪や貧困の文化の浸透という問題を作り出しているのです。

第三として、前出の「一億総活躍プラン」は「女性の活躍」を打ち出していますが、時間短縮なしで、男女間賃金格差の是正もされないままでは、子どもの貧困の改善には影響を与えることはないのです。「大人が一人の子育て現役世帯」では、子どもの貧困率（子育て世帯の貧困率）は五〇・八％（平成二七［二〇一五］年）となっています。ひとり親世帯の中心は母子世帯です。そうした現実を考えても、賃金の男女間格差の改善は重要な課題です。むしろ子どもの貧困の改善という点では母子家庭対策が優先すべき課題となっているのです。

第四に、「同一価値労働同一賃金の原則」が貫かれることによって、賃金の男女格差、正規・非正規格差などの労働のあり方に関する改善がなされることで、子育て世帯の貧困の底上げをしていくことになります。正規・非正規の格差是正を、「同一価値労働同一賃金の原則」に立って改善していくことができれば、それは男女間の格差の是正にも連動していきます。

第五として、最低賃金制の確立があります。最低賃金制（以下、最賃制）の改善の課題についてあげておきますと、ひとつは「全国一律」最賃制が重要であるという点です。現行の最賃は地域別最低賃金として実施されており、地域間賃金格差を拡大・維持し、地方での極端な低賃金を固定化する役割を果たしてきました。その点では現在の最賃制は貧困・格差の拡大のテコになってきたといえます。もうひとつの課題は、最低賃金額の算定基準は労働者の生計費におくことの必要性です。二〇〇七年の最賃法第九条の改正で、第三項に「労働者の生計費を考慮するに当たっては、労働者が健康で文化的な最低限度の生活を営むことができるように、生活保護に係わる施策との整合性に配慮するものとする」という規定が追加されました。最低賃金決定の際に考慮する三つの要素――生計費、賃金実態、支払い能力――において憲法二五条の観点から決定されなければならないという点を明確に示したという点で重要です。都市部・地方の違いはあっても生計費はほとんど差がなく地域別最賃が示してきたA～Dの格付には実体的な根拠はありません。むしろ現行の最賃制は賃金の地域間格差を拡大していったといえます（大木一訓「貧困・格差への民衆の怒りと経済民主主義」『経済』二〇一六年一〇月号、二〇～二三頁）。

今日の労働問題のもうひとつの課題は、労働組合の推定組織率（厚生労働省「平成二七年労働組合基礎調査の概況」二〇一五年一二月発表）が一七・四％というだけでなく、労働組合や労働運動の主流が働く者の生活と権利を守る運動となっていないことの問題です。労働組合運動の量と質の点できわめて深刻な状況があります。

問題は何のために労働時間を短縮していくことが重要なのかを根本のところで問うことが求められています。つまり豊かな家族生活、子育て、介護、社会教育への参加、社会活動やコミュニティでの活動などの「生活時間」を確保することで人間らしい生活を取り戻すことが課題になっているのです。

5　子どもの貧困の解決のために

子どもの貧困を解決するための施策の柱は、前提としての子どもの貧困調査と資料の収集、具体的な施策としての現金給付と現物給付の二つの側面から考えることができます。そのうえでソーシャルアクションのあり方が問われています。

1　その前提としての調査の実施

国は毎年実施される「国民生活基礎調査」において定期的に三年に一回の子どもの貧困率の統計が示されています。全国的なレベルでの子どもの貧困率が集計できているということは、都道府県別及び市区町村別の子どもの貧困率の調査も十分可能であるといえます。

すでに沖縄県が全国に先駆けて県レベルでの貧困調査を実施し（調査期間／二〇一五年一〇月〜一一月）、二〇一六年三月に子どもの貧困率二九・九％という結果を出しています。

子どもの貧困調査の全国での実施および予定を紹介しておくと、大阪市は二〇一六年六月〜七月に調査を実施済み、北海道は二〇一六年一〇月（北海道大学と共同で実施）、愛知県は「愛知こども調査」を二〇一六年一二月に実施、新潟県も「子どもの貧困実態調査」を二〇一六年九月～一〇月に実施、一一月に調査結果［速報版］公表、さらに市レベルでも佐賀県武雄市は「子どもの貧困調査」の実施などの具体化が徐々にすすんでいます。今後さらに全国の自治体で子どもの貧困調査が実施されることが求められています。

調査に関わって補足していきますと、子育て家庭における可処分所得に関わる相対的貧困率の調査（貧困基準以下の世帯に属する子どもの割合の調査）が中心的ですが、子どもの生活実態に着目すれば、物質的剥奪指標に基づいた調査（各年齢段階で生活面や教育面で確保される必要のある事項をあげたうえで、それらがどの程度個々の子どもに保障されているのかの調査）を並行して実施していくことが必要です。この二つの調査を組み合わせていくことで、子どもの貧困実態が見えてくるようになってきます。そこから具体的な子どもの貧困対策が社会的に求められてくるのです。

2　現金給付

子どもの貧困率を削減していく目標を半減ないしは三分の一に設定しても、貧困線（中央値の半分以下）が上昇していけば、貧困率はむしろ上昇することになります。したがって貧困線以下の可処分所得水準にある家族への現金給付を投入することが必要になります。現在のように現金給付を抑制的にしているだけでは改善はおろか貧困率の上昇ということにもなりやすいのが現実的です。

家族と子どもの貧困を規定している環境条件の改善に焦点を当てて、現金給付を手当てすることが検討されるべきです。

今後、フランスなどの子育て支援策、イギリスなどの子どもの貧困支援策などを参考にしながら、切れ目のない包括的な現金給付制度を確立していくことが求められています。そのためには必要な財政措置を大胆に実施していくことが必要です。国家予算、自治体予算における優先順位の検討を踏まえて抜本的な予算編成が求められています。

乳幼児期における子どもの貧困対策は現金給付の側面が強くなりますが、その点で貧困世帯における現在の所得水準の二五％増を行うことで、貧困状態が改善されることにもなりやすいのです。

3　現物給付

現物給付は具体的なサービス給付のことをさしています。

現在、子どもの貧困対策として、学校にスクールソーシャルワーカーの配置が少しずつですがすすめられています。しかしそのほとんどのワーカーが非正規職員であるのが実際です。政府がすすめている学校における子どもの貧困対策をワーキングプアの実態に近いスクールソーシャルワーカーが担っている現実があります。

民間の活力を生かすことは大事なことですが、行政の施策として責任を持った人員配置をしていくことが重要です。

あらたに職員配置を検討することも必要ですが、学校・学童保育・保育所が本来の機能を果たすことができるように教職員の配置基準の改善を軸にすすめていくことが重要です。

4　子どもの貧困の改善のためのオールニッポンの運動を

行政の施策とともに、オール東京、オール沖縄など企業、ＮＰＯ・民間団体、支援団体、個人などの連帯による総力をあげてのとりくみをすすめる広範な連帯組織が必要です。沖縄県においては、二〇三〇年までに子どもの貧困問題解消をめざして、官民一〇五団体で構成された「沖縄子どもの未来県民会議」が二〇一六年六月一七日に発足しています。

事務局が参加団体から事前に集めた意見には「既存事業の底上げ・拡充を」「寄付に頼るのでなく予算措置が必須」であるという内容、また内閣府予算の事業や県が積み立てた三〇億円の基金と、県民会議がこれから取り組む基金のすみ分け、整合性を問う意見などもありました（『沖縄タイムス』二〇一六年六月一八日）。こうした論議の重要なスタンスと課題は、寄付に依存した子どもの貧困対策で終始したのでは根本的な解決にならないということです。

二〇一六年一〇月現在、内閣府が子どもの貧困対策のため、去年、内閣府に設置された新たな基金に対し、全国の五三五のＮＰＯ団体などが支援金の助成を求めた結果、財源となる寄付金がまったく足りておらず、実際に支援を受けられるのはおよそ六分の一の六八団体にとどまらざるを得ない状況です。内閣府は二〇一五年一〇月、「子どもの未来応援基金」を設置し、この基金の財源として個人や企業から寄付が寄せられましたが、この一年間で合わせて六億九一五五万円にとどまりました。この基金に五三五の団体が求めた支援金の総額は一八億三〇〇〇万円となり、寄付額を二・五倍以上も上回っています。内閣府は「応募が予想の倍以上だった。一年目の寄付額としては不十分とは考えていない」と話しています（「NHK NEWS WEB」二〇一六年一〇月二五日）。

こうした状況は国の予測を超えて、子どもの貧困の現場・地域では民間団体と住民によってとりくみが広がっているということを示しています。そうした子どもの貧困へのとりくみに対して国の支援は後手に回っていることを意味しています。公的支援の貧弱さこそ子どもの貧困対策の最優先すべき改善課題であり、行政が果たすべき役割です。

子どもの貧困をなくしていくために必要なことは、行政と住民の本気度であるといえます。社会が人為的政策的経済的に人間社会の英知によって生み出したものであれば、子どもの貧困についても人間の知性と行動力で改善・是正していくことは可能であるはずです。

現代社会が生み出したものであれば、人間社会のちからでなくすこともできる。

「希望には二人の娘がいる。ひとりは怒りであり、もう一人は勇気である」

アウグスティヌス［三五四年一一月一三日生〜四三〇年没］

（山田晶訳『告白』中公文庫、一九六八年）

4章　「子どもの貧困対策法」批判、「子どもの貧困対策条例」の提案

1　貧困バッシングが意味するもの

1　繰り返される貧困バッシング

ＮＨＫテレビのニュース番組（二〇一六年八月一八日）で「子どもの貧困」を取り上げ、名前と顔を出して発言した高校三年生の女子生徒に対するバッシング（bashing とは、打ちのめすこと。手厳しく非難すること）がネット上で起きました。

生活保護バッシングを展開した片山さつき参議院議員が自身のツイッターのアカウントにおいて、ネットニュースのリンクを引用リツイートする形で発信したことも大きな影響を与えました。

「拝見した限り自宅の暮らし向きはつましい御様子ではありましたが、チケットやグッズ、ランチ節約すれば中古のパソコンは十分買えるでしょうからあれっと思い（う［浅井］）方も当然いらっ

しゃるでしょう。経済的理由で進学できないなら奨学金等各種政策で支援可能！」(https://twitter.com/katayama_s/status/766895331401347072)

「私は子ども食堂も見させていただいてますが、ご本人がツイッターで掲示なさったランチは一食千円以上。かなり大人的なオシャレなお店で普通の高校生のお弁当的な昼食とは全く違うので、これだけの注目となったのでしょうね。」(https://twitter.com/katayama_s/status/766986221893541888)

といったものです。

繰り返しこうした貧困バッシングが行われる背景には、第一に、新自由主義政策の根底にある人間観があります。つまり人間には〝まっとうな自立した人間〟と〝半人前の厄介者〟の人間に二分され、後者に向けて社会保障などによる支援をしていけば、個人の欲望は拡大し、さらに公的な対応を求められることになってキリがなくなるという考え方があります。したがって貧困の自己責任論に基づいた情報を流すことによって世論操作しているということがあげられます。

第二に、貧困問題を社会構造的な問題として把握するスタンスから社会の視線を遠ざけて、個人的な要因に落とし込むことが意識的組織的に行われています。なぜ貧困がこの社会に存在するのかの根本問題に切り込むことから目をふさぐイデオロギーがソーシャルネットワーキングサービスを通して拡散されている現実があります。

第三に、貧困の拡大・深化は〝アベノミクスの失敗〟を証明しており、なぜ貧困が増えているのかの根本問題が問われることになります。「アベノミクスは道半ば」と言い続けて、政治・経済政策の失敗を認めようとしないことがあげられます。なぜ貧困が増え続けているのかの解明なしには、貧困をなくす政策の形成へと転換することはありえないのです。

補足的にいえば、貧困者への排除的な視線を形成することで、攻撃的な言動へと連動している現状があります。国内的な社会的排除の思想形成は、国際的には戦争をする国への思想的な基盤にもなる危険性があります。

これらの点はまさにアベ政治の問題そのものです。人間が生きていく上での困難を、政治が改善・緩和・解決できていないだけでなく、むしろ貧困と不安を増幅している現実が露わになっているのが実際です。

2　〝子どもたちへの約束〟の不履行

子どもの貧困問題の未解決、その展望も見出していないわが国の現状は、憲法と子どもの権利条約という子どものいのちと成長を守る国になるためのおとなの決意と〝子どもへの約束〟を果たせていないと言わざるをえません。むしろ施策の出発点である決意が乏しいところに最大の問題があるのです。

憲法第二五条は「すべて国民は、健康で文化的な最低限度の生活を営む権利を有する。二　国は、すべての生活部面について、社会福祉、社会保障及び公衆衛生の向上及び増進に努めなければならない」と、国民の生存権と国の生存権保障責任が明記されています。その点では九条が解釈改憲から明文改憲への道を強引にこじ開けられようとしていますが、二五条は〝実態改憲〟の側面が色濃くあるといえます。

　第九七条では「この憲法が日本国民に保障する基本的人権は、人類の多年にわたる自由獲得の努力の成果であつて、これらの権利は、過去幾多の試錬に堪へ、現在及び将来の国民に対し、侵すことのできない永久の権利として信託されたものである」ことが明記されています。そのうえで第九八条は「この憲法は、国の最高法規であつて、その条規に反する法律、命令、詔勅及び国務に関するその他の行為の全部又は一部は、その効力を有しない」とまで規定されています。子どもの貧困問題解決への法的責任を憲法の規定からも捉え直す必要があります。

　国際的な法的規定では、子どもの権利条約（国際教育法研究会訳）の前文にあるように「とくに困難な条件の中で生活している子どもが世界のすべての国に存在していること、および、このような子どもが特別の考慮を必要としていることを認め、子どもの保護および調和のとれた発達のためにそれぞれの人民の伝統および文化的価値の重要性を正当に考慮し、すべての国、とくに発展途上国における子どもの生活条件改善のための国際協力の重要性を認め」ることが謳われています。

『ユニセフ世界子供白書二〇一六』（二〇一六年六月発表）でも「子どもの生存における不公平性」がテーマとなっています。白書のなかで二〇三〇年までに六九〇〇万人の乳幼児が命を落とす可能性が大きいことが指摘されている現実があります。こうした現状は、「豊かな国」であるわが国においても死亡に至らないまでも成長・発達、いのちの格差が拡大している現実があります。

子どもへの約束を最善の努力で履行していくことが国・おとなたちに求められています。

2　子どもの貧困対策法の成立と問題点

1　子どもの貧困対策法の成立背景

二〇一三年六月、議員立法である「子どもの貧困対策法（正式名称／子どもの貧困対策の推進に関する法律）」が衆参両院の全員一致で成立しました。

法律制定のエンジン（原動力）となったのは、①「子どもの貧困」という用語が提起され、書籍・雑誌で取り上げられたこと、②国際的な統計（ＯＥＣＤ）で日本の子どもの貧困率の高さ、「貧困の再発見」に注目が集まったこと、③イギリスで二〇一〇年三月に「子どもの貧困法（Child Poverty Act）」が成立し、二〇二〇年までに子どもの貧困の「撲滅」を宣言したこと、④「なくそう！　子どもの貧困」全国ネットワークやあしなが育英会などの諸団体が法律制定への要望とソーシャルアクションが繰り広げられたことなどをあげることができます。

それぞれの柱について少し補足しておきますと、法律制定に至る過程には、さまざまな要素が加わって成立したものですが、その第一のエンジンとなったのは、「子どもの貧困」という用語・概念が二〇〇八年に社会的に提示されたことで、社会問題として子どもの貧困に注目が集まったことがあげられます。

浅井春夫・松本伊智朗・湯澤直美編『子どもの貧困――子ども時代のしあわせ平等のために』（明石書店、二〇〇八年三月）は「子どもの貧困」を掲げたはじめての出版となりました。山野良一『子どもの最貧国・日本』（光文社新書、二〇〇八年九月）、阿部彩『子どもの貧困――日本の不公平を考える』（岩波新書、二〇〇八年一一月）が同じ年に出版され、その後、新聞報道や雑誌での特集が続々と企画されました。これらの三冊とほぼ同時期に、『週刊東洋経済』（二〇〇八年五月一七日号）が「特集／子ども格差」で現代社会に警鐘を鳴らしました。こうした研究書の出版、雑誌の特集などにより、「子どもの貧困」の用語の広がりとともに社会的関心が集まりました。その意味で二〇〇八年は「子どもの貧困元年」であり、問題提起の年であったといえます。

二〇〇九年九月には子どもの貧困白書編集委員会編『子どもの貧困白書』（同編集委員会編、明石書店）が全国的なネットワークを形成するなかで出版された意義は大きいといえます。

第二に、ＯＥＣＤの子どもの貧困調査において、子どもの貧困率の高い国とりわけ母子世帯の貧困率は世界のなかでワーストワンの実際にあることも衝撃を与えました。そうした統計を踏まえて、わが国でも厚生労働省が「相対的貧困率」とともに「子どもの貧困率」（二〇〇六年調査年で一四・二％）を発表し、七人に一人が貧困世帯のもとで暮らしている実態が数値で明らかにされました。

第三として、イギリスやフランス、北欧をはじめとしたＥＵ諸国における貧困削減の施策と国の決意は、国際的にみて日本が子どもの貧困後進国の実態にあることを逆照射したのです。

第四のいわば超党派の子どもの貧困対策法制定の運動は、最後のロケット噴射の役割を果たしたといえます。残念ながら、政府・文部科学省・厚生労働省などの国側から子どもの貧困の現実に積極的にとりくみをすすめようとしたものではありませんでした。日本政府は子ども・女性・国民の「健康で文化的な生活」を守り向上させるための施策には後ろ向きで、改悪さえすすめていると言わざるをえません。反対に、戦争法、TPP、沖縄の基地問題、社会保障などの国民の意見や意思表示には背を向けているのが実際です。

あらためて国民の側から必要な態度表明と国・自治体に向けてアクションを起こしていくことの重要性を確認しておきたいと思います。

蛇足ですが、児童虐待防止法もそうでしたが、当初は一六か条のきわめて簡素な法律で出発をしています。児童虐待防止法は現在一七か条で、附則によって補則をされているのが実際です。やはり必要な条項の新設も含めた法律の抜本的改正運動が求められています。

2 子どもの貧困対策法の改定の必要性

法律の条項にそって、逐条的に改正すべき内容を提示しておきます。ここでは法全体の文言に目を通していただくことを通して、改善すべき事項を提示することにしました。子どもの貧困に特化した法律がまず成立したことを評価し、そのうえで子どもの貧困をなくしていくために、地域における必要な子どもの貧困への支援実践の展開とともに、不断に法改正の運動、地方自治体における子どもの貧困条例の制定運動をすすめていくことが求められています。

今後、「子どもの貧困対策法」の改正運動をすすめていくうえで、率直な問題点の指摘と改正のための検討課題を提起しておきます。

3　子どもの貧困対策法の逐条検討

子どもの貧困対策法（二〇一三〔平成二五〕年六月二十六日法律第六十四号）

第一章　総則

（目的）

「第一条　この法律は、子どもの将来がその生まれ育った環境によって左右されることのないよう、貧困の状況にある子どもが健やかに育成される環境を整備するとともに、教育の機会均等を図るため、子どもの貧困対策に関し、基本理念を定め、国等の責務を明らかにし、及び子どもの貧困対策の基本となる事項を定めることにより、子どもの貧困対策を総合的に推進することを目的とする。」

【改正の検討課題】　目的条項では、子どもの貧困を根絶していくことを明記すべきです。その点では五年、一〇年単位で子どもの貧困率の低減目標を明示していくことが必要です。現在の貧困率（一六・三％〔二〇一二年〕）を一〇年後に半減、二〇年後に四分の一の四％にもしくは根絶していくための政策戦略を本気で考えるかどうかが政策主体に求められています。この課題はＥＵ諸国の国々が所得の再分配政策によって、元の貧困率から三分の一〜四分の一に低減をしている現実をみても可能です。貧困率の削減目標のない「子どもの貧困対策法」は、魂の吹き込まれてない法律といわざるをえません。法律に削減目標を書き込むことはほとんどなく、それは「大綱」や通知、政策方針に委ねられる事項であるのですが、あえてこの点を提起しておきたいと思います。

「子どもの貧困対策を総合的に推進することを目的」とするなどという文言は、責任体制を明示しないという裏返しでもあります。現在は内閣府が担当省庁になっていますが、コーディネートの役割だけでは貧困対策はすすまないことは明らかです。

この法律でいう「子ども」とは何歳までと規定するのかも明記すべきです。児童福祉法改正によって二〇一七年四月一日から「自立援助ホーム（児童自立生活援助事業）について、二二歳の年度末までの間にある大学等就学中の者を対象に追加する」（法律案の概要）ことが追加されました（児童福祉法第六条の三の二項）。この改正を踏まえて、少なくとも対策の対象年齢は満二二歳の年度末までとし、必要に応じて施策の対象を二五歳程度までとすべきです。とくに就労の支援という観点からは労働生活への軟着陸の保障という観点から、二二歳からの延長が図られるべきです。

（基本理念）

「**第二条**　子どもの貧困対策は、子ども等に対する教育の支援、生活の支援、就労の支援、経済的支援等の施策を、子どもの将来がその生まれ育った環境によって左右されることのない社会を実現することを旨として講ずることにより、推進されなければならない。

2　子どもの貧困対策は、国及び地方公共団体の関係機関相互の密接な連携の下に、関連分野における総合的な取組として行われなければならない。」

【改正の検討課題】　子どもの貧困対策を①教育、②生活、③就労、④経済的支援の四つの柱で構成することは重要ですが、「関連分野における総合的な取組」という法律の基本理念がコーディネート機能に収斂されている条文では、基本理念（あるべき根本の考え方）はあいまいになってしまいます。法律は基本的考え方と方針を示すことで、政策への転化をしていくことになるのではないでしょうか。その点でいえば、期限を設定したうえで「子どもの貧困を削減・半減・撲滅する」ことを明記すべきです。

（国の責務）

「第三条　国は、前条の基本理念（次条において「基本理念」という。）にのっとり、子どもの貧困対策を総合的に策定し、及び実施する責務を有する。」

【改正の検討課題】　ここでは自治体が考えるべき貧困率の低減目標の基本的考え方、貧困線の考え方（現在、等価可処分所得の真ん中に位置する中央値の五〇％以下を基準にしている）、財政的な投入の考え方などを明示すべきです。そのうえで地方自治体における貧困削減のための考え方と政策が検討されるべきです。

（地方公共団体の責務）
「第四条　地方公共団体は、基本理念にのっとり、子どもの貧困対策に関し、国と協力しつつ、当該地域の状況に応じた施策を策定し、及び実施する責務を有する。」

【改正の検討課題】「実施する責務」の具体的項目と内容、目標を明記すべきです。そのためには国の削減目標に連動して、自治体が果たすべき役割を具体的に提示する必要があります。とくに子どもの貧困担当部局を設置すべきことを明記すべきです。

さらに自治体独自での子どもの貧困調査の実施などを実施することも促進する内容を規定すべきです。すでに沖縄県は子どもの貧困調査を実施し、二九・九％の貧困率を算出しています。続いて大阪府、愛知県なども予定しています。沖縄県では、八重瀬《やえせ》町、本部《もとぶ》町、大宜味《おおぎみ》村の三町村で調査を実施しています。糸満市も調査を検討しています。こうした動きを全国に広げていく方針が本条項で示されるべきです。

（国民の責務）
「第五条　国民は、国又は地方公共団体が実施する子どもの貧困対策に協力するよう努めなければならない。」

【改正の検討課題】　国などの対策が不十分なままで「国民の責務」として「協力するよう努めな

ければならない」と規定することは、法律が国民に向けられている内容となっています。この間の政策は「国全体」で取り組むことが法律や法令に必ず付け加えられますが、法律は基本的に国・自治体の「住民の福祉の向上」（地方自治法第一条）を骨格とすべきなのです。国民の協力は、法律で規定されるものではなく、自主的に行われるべき内容であるべきです。あえていえば、「国又は地方公共団体が実施する」まえに、すでに自主的に地域において学習支援塾やこども食堂、フードバンクなどの運営をすすめているのが実際です。むしろ国・自治体が国民・住民に協力し支援することが求められているのです。

（法制上の措置等）

「第六条　政府は、この法律の目的を達成するため、必要な法制上又は財政上の措置その他の措置を講じなければならない。」

【改正の検討課題】「必要な法制上又は財政上の措置」について、たとえば毎年の国家予算の編成項目に「子どもの貧困対策」を明記すべきです。新型輸送用ヘリコプター・オスプレイの何機分かを子どもの貧困対策に充てるという本気の姿勢がほしいものです。子どもの貧困対策と実質的な「軍事費」を天秤にかけると明らかに後者に比重が置かれているのが日本政治の実際です。

（子どもの貧困の状況及び子どもの貧困対策の実施の状況の公表）

「**第七条**　政府は、毎年一回、子どもの貧困の状況及び子どもの貧困対策の実施の状況を公表しなければならない。」

【改正の検討課題】　公表の具体的な項目を明示しておくことが必要です。①子どもの貧困率および自治体の貧困率の動向、②就学援助率（小・中・高校）、③ひとり親世帯の貧困率、④児童養護施設および生活保護世帯の子どもの貧困に関わるトピックの紹介、⑤政府・各省庁の子どもの貧困対策経費、⑥国および自治体の具体的政策の動向、⑦各団体・個人とりわけ当事者の要望や意見の集約の公表、⑧新たな子どもの貧困調査の実施の紹介などをあげておきます。

そもそも「毎年一回」という実施の公表はきちんとされているとはいえません。基本的に何月に公表するのかも明示しておくべきではないでしょうか。そうでないとこうした規定はあいまいにされてしまいます。

そのうえで公表先について、マスコミへの発表はもちろんのことですが、まずは国会に報告することを義務付けることを明記すべきです。

第二章　基本的施策

（子どもの貧困対策に関する大綱）

「**第八条**　政府は、子どもの貧困対策を総合的に推進するため、子どもの貧困対策に関する大綱（以下「大綱」という。）を定めなければならない。

2　大綱は、次に掲げる事項について定めるものとする。
一　子どもの貧困対策に関する基本的な方針
二　子どもの貧困率、生活保護世帯に属する子どもの高等学校等進学率等子どもの貧困に関する指標及び当該指標の改善に向けた施策
三　教育の支援、生活の支援、保護者に対する就労の支援、経済的支援その他の子どもの貧困対策に関する事項
四　子どもの貧困に関する調査及び研究に関する事項
3　内閣総理大臣は、大綱の案につき閣議の決定を求めなければならない。
4　内閣総理大臣は、前項の規定による閣議の決定があったときは、遅滞なく、大綱を公表しなければならない。
5　前二項の規定は、大綱の変更について準用する。
6　第二項第二号の「子どもの貧困率」及び「生活保護世帯に属する子どもの高等学校等進学率」の定義は、政令で定める。」

【改正の検討課題】「大綱」は法律を前提にして、改善・解決のための目標と具体策が明示される必要がありますが、実際の内容は現状の分析が中心で「大綱」の使命を果たしていません。

（都道府県子どもの貧困対策計画）

「**第九条** 都道府県は、大綱を勘案して、当該都道府県における子どもの貧困対策についての計画（次項において「計画」という。）を定めるよう努めるものとする。
2 都道府県は、計画を定め、又は変更したときは、遅滞なく、これを公表しなければならない。」

【改正の検討課題】 二〇一六年五月現在、基本的には東京都と和歌山県を除いて四五の都道府県で計画策定が行われていますが、「子どもの貧困対策計画」として独立したスタイルをとる「独立型」が二八自治体、既存の計画のなかに組み込まれたスタイルをとる「一体型」が一七自治体となっています（湯澤直美「都道府県における子どもの貧困対策計画の策定状況」『都市問題』二〇一六年六月号）。

基本的には独立型で計画策定がされるべきと考えますが、国が計画策定の骨格を示したうえで、各都道府県・政令指定都市などが区市町村の実態を踏まえて、地域の実状にあった計画を策定する必要があります。そのためには子どもの貧困対策に関する独自の予算措置を国が積極的に行う必要があります。そうした国の姿勢が欠如したままで、自治体に努力義務を定めただけでは計画によって子どもの貧困実態を抜本的に改善することにはなりません。

（教育の支援）
「**第十条** 国及び地方公共団体は、就学の援助、学資の援助、学習の支援その他の貧困の状況にある子どもの教育に関する支援のために必要な施策を講ずるものとする。」

【改正の検討課題】　「必要な施策」内容をどこで検討し、公表していくのかも義務付けることを明記すべきです。「第三章　子どもの貧困対策会議」で検討するのであれば、専門分野の研究者・現場実践者の意見・提案が反映できる委員の構成をすべきです。また自治体レベルでの計画の政策的推進に関して同様のスタンスでメンバー構成を誠実に検討すべきです。この点でも行政の本気度が問われています。

（生活の支援）
「第十一条　国及び地方公共団体は、貧困の状況にある子ども及びその保護者に対する生活に関する相談、貧困の状況にある子どもに対する社会との交流の機会の提供その他の貧困の状況にある子どもの生活に関する支援のために必要な施策を講ずるものとする。」

【改正の検討課題】　この点に関しては、政策レベルで検討される内容ですが、基本的なスタンスとして、子どものライフスタイルに即しての支援内容を整理し、基本的な観点を明示することがあげられます。とくに現在の子どもの貧困対策は、学童中心になっており、乳幼児期の貧困対策はエアポケットになっています。

（保護者に対する就労の支援）
「第十二条　国及び地方公共団体は、貧困の状況にある子どもの保護者に対する職業訓練の実施及び就職のあっせんその他の貧困の状況にある子どもの保護者の自立を図るための就労の支援に関し必要な施策を講ずるものとする。」

【改正の検討課題】 保護者の就労と生活の現状把握のための調査と就労の支援の具体的な部局を明確にすることも検討される必要があるのではないでしょうか。

（経済的支援）

「第十三条　国及び地方公共団体は、各種の手当等の支給、貸付金の貸付けその他の貧困の状況にある子どもに対する経済的支援のために必要な施策を講ずるものとする。」

【改正の検討課題】 第十条〜第十二条の改正の検討課題を参照のこと。

（調査研究）

「第十四条　国及び地方公共団体は、子どもの貧困対策を適正に策定し、及び実施するため、子どもの貧困に関する調査及び研究その他の必要な施策を講ずるものとする。」

【改正の検討課題】 調査研究の中期的な計画（五年〜一〇年）の策定を明記し、子どもの貧困指標の検討を本条に盛り込むことが必要です。子どもの貧困調査・研究の対象に関しても今後の課題として意識しておきたいものです。

第三章　子どもの貧困対策会議

（設置及び所掌事務等）

「十五条　内閣府に、特別の機関として、子どもの貧困対策会議（以下「会議」という。）を置く。

2　会議は、次に掲げる事務をつかさどる。

一　大綱の案を作成すること。

二　前号に掲げるもののほか、子どもの貧困対策に関する重要事項について審議し、及び子どもの貧困対策の実施を推進すること。

3　文部科学大臣は、会議が前項の規定により大綱の案を作成するに当たり、第八条第二項各号に掲げる事項のうち文部科学省の所掌に属するものに関する部分の素案を作成し、会議に提出しなければならない。

4　厚生労働大臣は、会議が第二項の規定により大綱の案を作成するに当たり、第八条第二項各号に掲げる事項のうち厚生労働省の所掌に属するものに関する部分の素案を作成し、会議に提出しなければならない。

5　内閣総理大臣は、会議が第二項の規定により大綱の案を作成するに当たり、関係行政機関の長の協力を得て、第八条第二項各号に掲げる事項のうち前二項に規定するもの以外のものに関する部分の素案を作成し、会議に提出しなければならない。」

【改正の検討課題】　本会議はまさにオールジャパンで総力をあげて、「大綱」の具体的な政策化をすすめていくべきです。文部科学省と厚生労働省が中軸に運営されることは重要ですが、5項に関わって財務省や総務省などの役割も明記すべきです。

（組織等）
「**第十六条** 会議は、会長及び委員をもって組織する。
2 会長は、内閣総理大臣をもって充てる。
3 委員は、会長以外の国務大臣のうちから、内閣総理大臣が指定する者をもって充てる。
4 会議の庶務は、内閣府において文部科学省、厚生労働省その他の関係行政機関の協力を得て処理する。
5 前各項に定めるもののほか、会議の組織及び運営に関し必要な事項は、政令で定める。」

【改正の検討課題】 子どもの貧困対策会議のもとに位置づけられる専門部会を定めることも必要な課題です。とくに第十条〜第十三条までの課題に対応する専門部会を設置することは明記すべきです。

附 則 抄

（施行期日）
第一条 この法律は、公布の日から起算して一年を超えない範囲内において政令で定める日から施行する。

（検討）

第二条　政府は、この法律の施行後五年を経過した場合において、この法律の施行の状況を勘案し、必要があると認めるときは、この法律の規定について検討を加え、その結果に基づいて必要な措置を講ずるものとする。」

【改正の検討課題】「必要があると認めるときは」という限定は外し、二、三年で法律の見直しを行うことを明記することは当然のことです。毎年、施策の公表を基本とするのであれば、法律の見直しを検討するサイクルが五年では長すぎます。必要な手立てを連続的に行うことで、イギリスにおいて子どもの貧困率を下げてきたのが実際です。

イギリスの具体的な事例

イギリスにおける子どもの貧困対策に関わる施策が、次のように矢継ぎ早に、連続してたてられてきたのです。法律や大綱をつくるだけでなく、財政的な確保とともに具体的施策を打ち続けていることが重要なポイントです。

(1)　一九八九年児童法（Children Act 1989）、一九八九年

(2)　教育水準局（Office for Standards in Education）、一九九二年設立

(3)　「確かなスタート（Sure Start）」プログラム、一九九九年

(4) コネクションズ(Connexions〔連結、連合〕)、二〇〇〇年
(5)「一四~一九歳/機会と卓越」、二〇〇三年
(6)「どの子どもも大切(Every Child Matters)」、二〇〇三年
(7) 二〇〇四年児童法(Children Act 2004)、二〇〇四年
(8) 子どもトラスト(Children's Trust)、二〇〇四年
(9) 子どもと学習者のための五か年計画、二〇〇四年
(10)「若者は大切(Youth Matters)」、二〇〇五年
(11) 二〇〇六年児童ケア法(Childcare Act 2006)二〇〇六年
(12) 子ども計画(Children's Plan)、二〇〇七年
(13) 二〇〇八年教育技能法(Education and Skills Act 2008)、二〇〇八年
(14) 子ども貧困法(Child Poverty Act)の制定、二〇一〇年

4 子どもの貧困対策の課題

これまで述べてきたことをふまえ、「子どもの貧困」対策づくりでの課題を列挙すると、次のようになります。

①すべての地方自治体で子どもの貧困対策の目標と計画作りを実行に移すことを通して、子ども

の相対的貧困率の削減目標を明記すること。子どもの貧困の解消に向けて、子どもの貧困率を当面は「一〇年後の達成目標を八％（現在より半減させる）」、「二〇年後に四％もしくは根絶を目標」にすえること。

②目標達成に向けた政府・地方自治体の施策実施の義務、報告義務を明記すること。義務違反・サボタージュに関しては公表することを明記すべきです。

③法律には子どもの定義がないため、支援対象が広がり、施策の拡充が期待されている面があります。そのことは法律で対象とする「子ども」の年齢については、妊産婦・胎児期からを施策の対象として位置づけ、〇歳から大学卒業程度さらに二五歳程度までを対象年齢として拡大していくことが必要です。

④法律の見直し規定を明記すること。これは二、三年を基本に検討されるべきです。

⑤子どもの貧困の定義と貧困を測る指標を策定すること。調査の専門集団を組織し検討を測るべき課題です。

⑥子どもの貧困調査を実施すること。独自の調査を継続的に実施し、相対的貧困率と剥奪指標の組み合わせ等、「貧困」の実態を総合的に把握すること（相対的貧困ラインが低下していることを踏まえた調査をすること）。

⑦財政上の措置に関する考え方と具体的な財政投入の内容を明記すること。子どもの貧困の連鎖に楔を打ち込むために、どのような施策が求められているのか検討を踏まえて、その実現のための

財源を政府主導で検討すべきです。
⑧これらの諸課題に立ち向かうために、責任省庁を明確にし、政府・自治体に必要な委員会を恒常的に設置すること。
これらの諸点は「子どもの貧困」に本気で立ち向かおうと考えれば、必然的に抽出される課題です。その意味で国の決意のなさが浮き彫りになっているのが現在の状況です。

5　子どもの貧困対策大綱の基本的欠陥

1　「子供の貧困対策大綱」の発表の意義と課題

政府は二〇一四年八月二九日に「子供の貧困対策に関する大綱について」（以下、「大綱」と略記）を閣議決定しました。「大綱」のサブタイトルは、「全ての子供たちが夢と希望を持って成長していける社会の実現を目指して」となっています。

「大綱」の第一の柱として「子供の貧困対策の意義」と「大綱の策定」に関して、「子供の将来がその生まれ育った環境によって左右されることのないよう、また、貧困が世代を超えて連鎖することのないよう、必要な環境整備と教育の機会均等を図る子供の貧困対策は極めて重要である。そうした子供の貧困対策の意義を踏まえ、全ての子供たちが夢と希望を持って成長していける社会の実現を目指し、子供の貧困対策を総合的に推進する」ことを掲げています。

大綱の第二の柱では「子供の貧困対策に関する基本的な方針」として、以下の一〇項目が掲げられています。

①貧困の世代間連鎖の解消と積極的な人材育成を目指す。
②第一に子供に視点を置いて、切れ目のない施策の実施等に配慮する。
③子供の貧困の実態を踏まえて対策を推進する。
④子供の貧困に関する指標を設定し、その改善に向けて取り組む。
⑤教育の支援では、「学校」を子供の貧困対策のプラットフォームと位置付けて総合的に対策を推進するとともに、教育費負担の軽減を図る。
⑥生活の支援では、貧困の状況が社会的孤立を深刻化させることのないよう配慮して対策を推進する。
⑦保護者の就労支援では、家庭で家族が接する時間を確保することや保護者が働く姿を子供に示すことなどの教育的な意義にも配慮する。
⑧経済的支援に関する施策は、世帯の生活を下支えするものとして位置付けて確保する。
⑨官公民の連携等によって子供の貧困対策を国民運動として展開する。
⑩当面今後五年間の重点施策を掲げ、中長期的な課題も視野に入れて継続的に取り組む。

第三の柱は、「子供の貧困に関する指標」が具体的に提示されています。

項目だけを紹介すれば、○生活保護世帯に属する子供の高等学校等進学率、○生活保護世帯に属する子供の高等学校等中退率、○生活保護世帯に属する子供の大学等進学率、○児童養護施設の子供の進学率及び就職率、○ひとり親家庭の子供の就園率（保育所・幼稚園）、○ひとり親家庭の子供の進学率及び就職率、○スクールソーシャルワーカーの配置人数及びスクールカウンセラーの配置率、○就学援助制度に関する周知状況、○日本学生支援機構の奨学金の貸与基準を満たす希望者のうち、奨学金の貸与を認められた者の割合（無利子・有利子）、○ひとり親家庭の親の就業率、○子供の貧困率、○子供がいる現役世帯のうち大人が一人の貧困率など、一三項目が掲げられています。そのなかで「児童養護施設の子供の進学率及び就職率」（平成二四［二〇一二］年度末に中学校又は高等学校等を卒業した者のうち、平成二五年五月一日現在の進路）について、中学校卒業後の進路に関して、進学率九六・六％（高等学校等九四・八％、専修学校等一・八％）、就職率二・一％、高等学校等卒業後の進路に関して進学率二二・六％（大学等一二・三％、専修学校等一〇・三％）、就職率六九・八％という現状が示されています。

第四の柱は、「指標の改善に向けた当面の重点施策」で、具体的な項目として、①教育の支援、②生活の支援、③保護者に対する就労支援、④経済的支援、⑤その他で構成されており、法律に基づいた重点施策が掲げられています。

とくに「①教育の支援」では、「『学校』をプラットフォームとした総合的な子供の貧困対策の展開」や「学校を窓口とした福祉関連機関等との連携」などの課題が示されており、重要な施策方向であるといえます。

表I－4－1　子どもの貧困法―日英の比較

比較項目	イギリス子どもの貧困根絶法	日本子どもの貧困対策法
成立年月日	2010年3月25日	2013年6月26日
国の責務	子どもの貧困根絶戦略の策定	子どもの貧困対策を総合的に策定し、及び実施する責務を有する
達成目標	相対的低所得（等価純世帯所得が中央値の60％未満）のもとで暮らす子どもを10％未満に　＊数値目標の設定	子どもの貧困率、生活保護世帯に属する子どもの高等学校等進学率等子どもの貧困に関する指標及び当該指標の改善に向けた施策
担当委員会の設置	国務大臣のもとに「子どもの貧困委員会」の設置	内閣府に「子どもの貧困対策会議」
基本的な施策	根絶戦略の策定・実施・報告、地方自治体や諸団体の義務を明記、貧困のニーズ調査	都道府県子どもの貧困対策計画、子どもの教育・生活の支援、保護者の就労支援、調査研究
自治体の責務	地域の戦略の結合、削減のための協同、ニーズ調査	当該地域の状況に応じた施策を策定し、及び実施する責務
法律・とりくみの評価	子どもの貧困根絶に関する具体的な方策は明確ではない	大綱でどのように規定されるかにかかっているが、数値目標は示されず

出所：著者作成。

2　「子供の貧困対策大綱」の問題点

これは二〇一三年に、文部科学省が省内の公用文書の「子ども」の表記を漢字書きの「子供」に統一することを決めたことを反映しています。法律用語としては「子供」が使われることはなくなっています。国際条約などの和訳では「Child」は「児童」もしくは「子ども」と訳されており、祝日法に規定されたこどもの日では「こども」が使われています。にもかかわらず子どもの貧困対策を積極的に展開していくうえで、「子供」に統一する意味合いがあるのかがまったく不明です。

つぎに「大綱」の最大の問題点は、多くの団体・個人が要望し期待してきたことで、改善の目標数値を明示することが求められていたのですが、最終的には子どもの貧困率の改善の数値目標を設定することはありませんでした。「大綱」の柱として、「子供の貧困に関する指標」の現状把握が具体的に示されているのに、その数値の改善目標が明示されることなく、総花的な課題列挙で終わってしまっているのです。子どもの貧困率一六・三%に関して、イギリスの子どもの貧困法などを参考に一〇年で半減を目標値とすべきです（表I－4－1参照）。

高等学校等卒業後の進路に関して進学率二二・六%を五年以内で、五〇%を目標とし、就職率六九・八%と逆転させることを目標として設定されるべきです。

さらに「大綱」は「おおむね五年ごとを目途に見直しを検討する」ことが謳われていますが、中間時点での積極的な見直しをすべきで、そのためにも見直しをする際の指標としても、明確な数値目標を設定することは「大綱」に魂を入れることを意味しています。

現在のような「大綱」では、子どもの貧困の削減さえおぼつかないことが予想されます。残念ながら、この国においては子どもの貧困を削減する本気度は高くはないことをあらためて実感せざるを得ないのが実状です。

6　子どもの貧困対策条例の骨格の提案

1　「子どもの貧困対策条例」制定の意義

わが国の子どもの貧困対策法および「大綱」が先にみたようにきわめて不十分な内容であり、国の推進している政策は本気度の欠けるものとなっています。そうした現実のもとで、いまできることは地方自治体でそれぞれの実状に応じた施策を具体化することで、子どもの貧困実態の改善を推進し成果を積み重ねることで、地方から国を変える運動へと発展させることが重要なのではないでしょうか。

自治体にとっては「地方公共団体は、住民の福祉の増進を図ることを基本として、地域における行政を自主的かつ総合的に実施する役割を広く担うものとする」という何よりも地方自治法の本旨（第一条の二）に関わる役割を果たすことでもあります。

子どもの貧困対策条例を制定することの意義は、第一に自治体での子どもの貧困対策の施策と組織運営とくに財政的な保障について議会の議決を踏まえることで、法的な根拠が確保されることになります。それは自治体・議会の住民への法的な約束でもあるのです。

第二に地域における住民の自主的なとりくみである学習支援塾やこども食堂、フードバンクなどの行政的支援の法令的な基盤になるということも重要です。条例のなかでそれらのとりくみを位置づけることで、安定的に推進をしていくことを保障すべきです。

第三として、地域における子どもの貧困対策の行政および住民の自主的なとりくみをさらに発展させることを通して、条例改正の運動として発展させることができることも重要です。法律や条例は制定して終わりではなく、バージョンアップさせていくことが重要な課題です。その点で条例化は運動の連帯の基盤にもなっていくといえますし、そうしていく必要があります。

その点にも関わって、あえてあげておくと、住民の意識に働きかける文書的表現という意味がありますが、その前には議員・行政職員の意識を変えるという役割もあります。

ただし、各自治体で制定された「子どもの権利条例」が理念型で単なる宣言条例であったり、実質的に子ども・家族の義務条例や率直にいえば〝お説教条例〟であったりすることも多くみられました。子どもの権利を標榜しながら、子どもの権利拡充にはまったくちからを発揮しなかったことも多くの自治体の状況でしたし、「子どもの権利条約」（一九八九年一一月二〇日に国連総会で採択された国際条約で、日本では一九九四年五月二二日から効力が発生し、日本の法律となる）の本旨と内容が「子どもの権利条例」を通して、神奈川県川崎市や兵庫県川西市などの少数の自治体を除いて具体化されることは少なかったといえます。その意味で条例は抽象的な理念型ではなく、課題の明確化と実行推進型の条例であることが重要なポイントです。

2　子どもの権利条例の骨子案の提起

ここで提示する私案は、子どもの貧困問題に法律制定も含めて国をあげて取り組んできたイギリスの「子どもの貧困法」の骨格を参考にして提案するものです。

また、公益財団法人日弁連法務研究財団子どもの貧困対策推進モデル条例研究班が提起したモデル条例案（二〇一六年六月二七日版、以下「モデル条例案」と略記）には、具体的な条文が明示され、都道府県から市町村の各自治体における条例づくりにとって大変参考になる内容が提示されています。

「モデル条例案」には、子どもの貧困とは「単に物質的不利益にとどまらず、社会的な機会をも子どもから奪い、子どもの権利を侵害するもの」（前文）としています。

子どもの貧困とは、①経済的な貧困状態のなかで子どもにとって必要な社会生活の困難状態に置かれることで、②発達プロセスにおけるさまざまなライフチャンスを奪われている生活状態であり、③その結果、その後の人生にも多くの不利・可能性の剝奪を負うことになります。子どもの権利条約に規定されたすべての子どもの権利の剝奪・制限・否定につながる可能性が拡大するのが「子どもの貧困」の真実です。

こうした社会の不整備を子ども時代に押し付けてはならない、という決意と姿勢が各自治体の行政、専門職団体、民間団体、民間企業、研究者、心あるおとなたちに問われています。その決意と姿勢を具体的に「子どもの貧困対策条例」に結実させることを本気で考え、推進していきたいものです。

▼前文の必要性

子どもの貧困対策法に前文はないし、基本的に法律や条例には前文がないことが多いといえます。総則的な内容に関して子どもへのメッセージを込めた、小中学生の子どもたちにもわかる文章でまとめることを提案しておきます。日本国憲法は格調高く、戦後の国の基本的なあり方を国民に発している内容として前文が示されています。また、子どもの権利条約もその基本的なスタンスを具体的に示しています。

子どもの貧困解決のための条例の作成であれば、行政、おとなからの子どもたちへのメッセージとしての前文を付してみることで、本気で子どもの貧困に立ち向かっている姿勢を表明することがあってもいいのではないでしょうか。

【具体的な前文（子ども版）案】

「子どもは〇〇市の宝であり、社会の希望です。子どものみなさんが子ども時代をしあわせに生きるために、〇〇市は最善の努力をしていくことを本条例に書いています。いじめられ、暴力や虐待を受けることがなく、楽しく遊び、勉強をできることを応援し保障しようと思っています。

そのためにはまず子どもの貧困という暮らしの中にいる子どもが、一人でもいてはいけないと思います。子どもの貧困とは、子ども時代をしあわせに生きるために必要な暮らしが欠けている状態のことをいいます。お金がなくて食事ができないことがあったり、みんなと遊びに行きたいけど行けなかったり、参考書が買えなかったり、学習塾に通うことができなかったり……みんなと同じことをしたいなと思ってもできなかったりしたことはありませんか。そんな子どもたちを少なくし、いなくなることがこの条例の目的です。

「〇〇市子どもの貧困対策条例」とは、本市の権限で、議会の決定を受けて制定する自治体の法律です。法律で子どもの貧困をなくすことを私たちおとなが決意した内容を書いています。この条例は〇〇市の子どもたちとの誠実な約束です。

国は、子どもの貧困の中にいる子どもが六人に一人になっていて深刻であると考え、二〇一三年六月に「子どもの貧困対策法」を国会で成立させ、法律として制定しました。この法律は、子どもの貧困対策として、子どもへの教育の支援、生活の支援、就労の支援、経済的支援などをすすめることとしています。日本においてどこで、どの家庭に生まれても、その生まれ育った環境によって左右されることのない社会であることをめざしています。

〇〇市では、国と協力しながら、それぞれの地域の実情に応じて子どもの貧困をなくし、どの子どももしあわせに生きることができるように、独自に努力をしていくために条例を制定したのです。

必要な課題や実際の状況を調査などで明らかにしながら、子どもたちの意見・提案に耳を傾けながら、条例を改正していく努力をしていきます。そのために「〇〇市子どもの貧困対策条例」を制定しました。

▼条例の目的と自治体の役割を明記

①子どもの権利の視点に立ち、子どもの「健康で文化的な生活」像の追究をここで述べておくことが重要です。行政として子どもの憲法・子どもの権利条約で規定された生活と教育との権利を保障することを明記しておきたいものです。

②本条約が子どもの貧困をどのように捉えているかについての規定を定め、子どもの貧困をなくすための目標を掲げる必要があります。

③自治体の役割として、子どもの発達と権利保障に責任を負うことが示されなければなりません。まさに子どもの貧困に対する自治体の基本的なスタンスと条例の目的がはっきりと示される必要があります。

【具体的な条文例】

第一章　総則

（目的）

第一条　本条例は、〇〇市における子どもの貧困の現状を把握し、行政とともに企業、専門団体、市民団体、市民と協力しながら子どもの貧困をなくすための具体的な対策を推進することで、子どもの健康で文化的な生活、子どもの権利としあわせを保障することを目的とする。

▼貧困率の削減目標の明示

自治体の子どもの貧困率を踏まえて、五年後（現在であれば二〇二一年）、一〇年後の改善目標値を設定して、達成する義務を明記すること。中長期戦略を立てるうえで、二〇年後までに現在の貧困率の四分の一にすることで本格的で総合的な施策を具体化していくことになります。

国際的には所得が中央値の五〇％未満の世帯で暮らす子どもを「子どもの貧困率」にカウントしていますが、あえてイギリスのように六〇％に設定して、子どもの貧困率を算出し、施策の対象を拡大する姿勢を示す自治体があってほしいものです。五〇％ラインと六〇％ラインで算出することで、子どもの貧困率と相対的低所得世帯で暮らす子どもの実際を把握する意味があるといえます。

【具体的な条文例】

（子どもの貧困率の削減目標）

第二条　現在の〇〇市の子どもの貧困率〇〇・〇％を、二〇二二年度には〇〇・〇％に、二〇二七年度には〇〇・〇％に削減することを目標とし、さらに二〇三七年度に廃絶にむけて最大限の努力をする。

▼調査の実施計画

調査は子どもの貧困の実態の可視化という意味があるとともに、改善のための具体的施策を検討するための基礎資料となるものです。その点では調査なくして、政策の発展なしです。

①相対的貧困率の算出をめざした調査の実施は、既存の基礎資料の再データ化・再分析によっても可能です。全国的な調査は実施されていますので、子どもの相対的貧困率の調査は意志さえあれば実施は可能です。

山形大学の戸室健作准教授は個人でも都道府県別で相対的貧困率、子どもの貧困率を経年的にも算出されています。各自治体でできないはずはありません。

②所得レベルだけではなく、物質的剥奪指標に関する子どもの貧困調査に着手することも重要な課題として設定していく必要があります。子どもの現実に即した貧困調査としては、物質的剥奪指標に基づいた調査の方が実態把握できる面があります。

③地域別子どもの貧困（率）調査の実施も検討される必要があります。自治体の規模によっても実施方法は工夫が必要ですが、自治体のなかのブロック別の集計も施策に生かすことができます。経済状況、健康状況、家庭での教育環境・条件、人間関係、コミュニティ関係、地域の環境、支援の必要性などに関してデータの再分析をしてみることは可能です。

④貧困の継続が及ぼす子ども・青年への影響の調査にも挑戦したいものです。貧困の継続をどのような施策で断ち切りことができ、またできていないのかを検討することも調査活動の課題にあげ

ておきます。

⑤調査の実施に関する年次計画を検討することも自治体や専門委員会の課題です。

▼自治体の義務の明記

①削減目標に対してどこまで改善をしたのかの報告を、議会および住民への説明会、広報紙・誌などでおこなうこと。

②貧困を改善・根絶させるため施策を具体化し、実施状況を定期的に評価・分析し、施策の改善のために供すること。

③子どもの貧困に関する当事者参加の原則を、政策形成プロセスへの参加と協議の場の設定を明記すること。

④子どもの貧困対策に関する部局の設置と市民団体、企業等との連携のもとでの「子どもの貧困対策市民会議」（仮称）などの組織化を行うこと。

⑤保護者の雇用促進、対策への財政的支援、特に保護者と子どもへの経済的支援、教育と社会保障、健康政策の充実、居住福祉と地域環境の改善などを具体的項目としてあげておきます。

【具体的な条文例】

（自治体の責務）

第〇条　本市は、第〇条の基本理念に基づいて、子どもの貧困をなくすための「子どもの貧困対策計画」を定め、計画推進のための責務を有する。

（子どもの貧困の早期発見と連絡義務）

第〇条　行政、相談機関、子どもと関わる専門機関は、子どもが貧困の状態にある、もしくは疑わしい状態にある子どもを発見し、必要な機関（**＊**具体的に明示）に連絡をすることに努めるものとする。

▼どのような包括的削減計画を立てるか、その柱

子どもの貧困対策法や「大綱」で示されている四項目に即して具体的な削減計画を示していくことが必要です。ライフサイクルのなかでのさまざまな困難を想定したうえで、切れ目のない支援施策を具体化しなければなりません。

①教育の支援に関して、文部科学省がいうように「学校を子どもの貧困の解決のためのプラットフォーム」として位置づけるための施策が必要です。学習支援塾だけに任せて子どもの貧困対策が効果的にすすむわけではありません。学校改革の課題を考える視点が求められていることを意識して条文の作成を考えてみたいものです。（無料）学習支援塾への支援も条例で位置づけるべきです。

就学援助制度に関して、教育委員会に専任事務職員の配置をすることも明記し、就学援助制度に関しても条例化を合わせて検討すべきです。

②生活の支援は、健康と食生活の改善を具体的に明記すべきです。こども食堂やフードバンクへの行政的財政的支援を明記すべきです。

③保護者の就労の支援に関しても、共働き、シングルでの子育てなどによっても支援のあり方はちがいますが、雇用の保障を条文として明記していくことが必要です。

④経済的支援は調査に基づいて、必要な手当などの検討が示される必要があります。

今後、要保護児童対策地域協議会のなかで子どもの貧困問題を取り上げることも条文で明記しておきたいものです。

加えて乳幼児期の貧困問題への具体的な支援も明記しておきたいものです。

【具体的な条文例】

第二章　基本的施策

（子どもの貧困対策行動計画）

第○条　市は、子どもの貧困の改善のために子どもの貧困対策行動計画を定めるものとする。

2　同計画は、定期的に（＊二年に一回以上を原則）見直し、改定を行うものとする。

3　改定にあたっては、子どもの貧困対策会議（児童福祉審議会）などの意見を聴くものとする。

4　子どもの貧困対策の実施・改善状況について毎年一回は公表し、検討の場を設ける。

5　同計画を推進するために、子どもに関わるすべての諸団体・企業との連携・協力関係を確立するとりくみを行う。

（子どもの貧困調査の実施）

第○条　子どもの貧困調査に関する専門委員会を設置し、二年に一回は調査を実施する。その際、相対的子どもの貧困率の調査だけでなく、物質的剥奪指標に基づいた調査の実施、あるいは地域別専門分野別の調査など多様な方法での実施を検討する。

（広報、研修の実施）

第○条　市は、子どもの貧困の現状と課題に関する情報発信を継続的に行う。

第○条　市および関係団体は、子どもの貧困に関する研修を企画し、多くの団体・市民が子どもの貧困対策に取り組むための機会を提供する。

▼子どもの貧困対策委員会・プロジェクトの設置

委員会・プロジェクトの設置は明記されなければなりません。その際に、①委員会の役割・課題の明記、②構成メンバーの提示（当事者、現場関係者、関係支援団体、専門の研究者の参加）、③報告義務とその必須項目の確認および報告期間の間隔、④議会へのレクチャー、⑤調査活動に関する助言、⑥行政・議会への提案機能の保障などの役割を明記しておく必要があります。

【具体的な条文例】

第三章　子どもの貧困対策の推進体制

（子どもの貧困対策部局の設置）

第○条　行政の担当部局として、子どもの貧困対策部・課などを設置する。

第○条　市内の各地域ブロックの「子どもの貧困対策担当者連絡協議会」の開催を行う。

第○条　市は、行政はもちろんのこと、関係団体・市民団体と連携・連帯・協力して「○○市〝なくそう！　子どもの貧困〟市民会議」（仮称）を設置して、社会全体で取り組むことをめざす。

第○条　必要に応じて子どもの貧困に関する研究組織を設置する。

＊都道府県段階での「子どもの貧困対策担当者連絡協議会」の設置にも積極的に参加することも検討されるべきでしょう。

▼予算化に関する事項

子どもの貧困対策予算の括り方に関しての検討と、予算規模の拡大を盛り込むことも検討をしていく必要があります。貧困な予算では貧困対策は成り立ちません。

民間での子どもの貧困基金に関する項目も入れておくか、もしくは民間基金に関する独自の条例を策定することもあげられます。

【具体的な条文例】

（子どもの貧困対策予算）

第○条　市は、年度予算において子どもの貧困対策を効果的に推進するための予算を議会での論議を経て、計上する。

第○条　市は、「○○市子どもの貧困対策推進基金条例」に基づいて、○○市子どもの貧困対策推進基金を設置する。

▼施策の見直し期間／二、三年を基本に、毎年評価分析を

基本的には二、三年をめどに施策の見直しをしていく必要があります。思い切った施策の見直しも子どもの貧困対策委員会・プロジェクトからの提起を受けて検討することが示されるべきです。少なくとも施策の評価分析は毎年実施すべきです。

【具体的な条文例】

（施策の見直しと評価分析）

第○条　市は、子どもの貧困対策計画の進捗状況に関して、隔年で施策の見直しを行う。

2　計画推進の評価分析に関しては、毎年行うことを基本とする。

3　計画推進に関して、市民との公開討論会、パブリックコメントの公募などのとりくみを定期的にすすめる。

3　子どもの貧困対策条例の制定運動を

子どもの貧困対策オールジャパンの結成を具体化するうえでも、地方から調査の実施と対策の具体化を推進するために、各自治体で「子どもの貧困対策条例」策定の運動を組織していく課題があります。子どもの貧困対策条例制定運動は、市町村における子どもの貧困問題へのとりくみを発展させていくうえで不可欠の課題です。

子どもの貧困対策の新たな段階を切り拓くために、条例策定への挑戦を各自治体ですすめていきましょう。

Ⅱ

状況を変えるための実践と課題

1章　食生活の貧困とこども食堂

1　食べられない子どもの存在

国立社会保障・人口問題研究所の「生活と支えあいに関する調査結果の概要」(二〇一二年調査、二〇一三年七月公表)では、「過去一年間に経済的な理由で家族が必要とする食料を買えなかった経験を持つ世帯」は、「よくあった」が一・六%、「ときどきあった」で四・七%、「まれにあった」では八・五%となっており、計一四・八%が食料確保に困難を抱えている現状があります。所得階級別に、食料確保の困窮経験でみれば、低所得層の方が高所得層より多いのが実際です。食料困窮の経験が「よくあった」と回答した世帯の割合は、最貧層である第Ⅰ一〇分位(等価世帯所得がある世帯を一〇階級に区分したもので、第Ⅰ一〇分位が、最低世帯所得階級、第Ⅹ一〇分位が最高世帯所得階級となる)が三・七%、富裕層である第Ⅹ一〇分位が〇・二%となっています。しかし、「ときどきあった」「まれにあった」まで含めた世帯の割合でみれば、第Ⅱ一〇分位が一番多く二六・〇%、次が第Ⅲ一〇分位の二三・一%であり、第Ⅹ一〇分位では二・五%となっており、食料確保の困難経験は、最貧層だけでなくその周辺の階層にまで広がっている現実があります。食べること自体ができにくい暮らしのなかで困っている子どもが存在している現状は、いくつもの調査で明らかになっています。

聴きとり調査やシンポジウムでの報告などを参考に、「食べられない子ども」の実態＝具体的な食生活の貧困の事例を紹介します。


◉中学生男子のA君が極端に痩せていて明らかに栄養失調をうかがわせる状況にあるのですが、給食時間にはその体つきから想像できないほどのお代わりをする。

◉給食がほとんど一日の栄養源となっている子どもがいる。

◉親が夜間に働いているので、夕食は一人でコンビニ弁当を食べている。

◉給食を食べない中学生に「君はどうして食べないの？」と教師が尋ねると、「僕の家は給食費を払っていないので、食べません！」とかたくなに答えてくる。

◉給食のない弁当持参の学校で、昼食時に「先生、何か食べるものがありますか」と職員室に来る子どもがいる。家にお米もないので弁当を持ってくることができないという。

◉給食がないので、夏休み明けに一〇キロも痩せてくる中学生がいる。

◉毎朝のように校門が開く前に数名の小学生が待っていて、校門が開くとその足で保健室の前に並んでいる。養護教諭が持ってきてくれるおにぎりを待っているのである。

◉手作りの食事をとっておらず、コンビニ弁当、カップラーメン、菓子類で夕食をすましている子どもたちがいる。

◉経済的に苦しい家庭の事情で弁当を持ってくることができず、給食時間に教室からいなくなる中学生がいる（大阪府の事例。大阪府の完全給食実施率は二〇一五年で四三・二％となっているが、二〇一一年では七・七％であった）。

　完全給食（文部科学省の用語定義）とは、給食内容がパンまたは米飯（これらに準ずる小麦粉食品、米加工食品その他の食品を含む）、ミルク及びおかずである給食のこと。その他に補食給食（完全給食以外の給食で、給食内容がミルク及びおかず等である給食）とミルク給食（給食内容がミルクのみである給食）がある。

◉保育園で何も食べずに登園してくる子どもがいるので、おやつとミルクを飲ませた。その子は母子世帯で暮らしており、母親は離婚当時から体調を崩し、朝も起きることができないでいる。

◉土、日曜日の朝、母親から昼食・夕食代として、数百円を渡され、兄弟四人でやりくりをして食べている。ポテトチップス、メリケン粉でおやきをつくり、しょうゆやアジ塩をかけて子どもたちだけで食べている。

　こうした子どもたちの食生活の貧困が全国に広がっているのです。

2　子どもの貧困と食生活の権利

食べられない子どもたちの実際＝食生活の貧困は、必要な、また好きな食材を買うことのできない現実を前提に、①食事が日常的に三食とれていないというだけでなく、②その内容が子どもの成長と健康をはぐくむための栄養価が十分に補給されていないこと、③家族のコミュニケーションの場としての食事空間となっていないこと、④食事方法や季節の食事の味わい方、料理の方法などの食文化が伝えられることがほとんどないこと、さらに⑤幼児・小中学生だけでなく、深夜のバイトなどで欠食状態にならざるをえない高校生や大学生が少なくないことなどをあげておかなければなりません。

子どもの貧困は、子どもたちの衣食住という基礎的生活基盤の液状化現象を生じさせることとなっています。食生活の貧困状態は、学習に向かううえで感情・意欲の発達の糸を萎えさせることになっており、そうした状況は認識・操作の糸と共鳴・交差できにくく、勉強から子どもを遠ざけることになっています。〝腹が減っては勉強できぬ〟という子どもの状況が広がっています。

今日、総務省が毎月発表している家計の支出に占める食費の割合を示す「エンゲル係数」が、わが国で急上昇しています。所得が少ない世帯ほど家計の消費支出に占める食費の割合が高くなる傾向を示すとされており、生活水準を示すひとつの指標とされてきました。総務省の家計調査では、二

○一六年三月のエンゲル係数（二人以上の世帯の平均）は二四・五%で、三年前より二・六%上昇しています。特に低所得層（年収三三三万円以下）でみれば、三年前より四・二%も高く二九・九%となっています。貧困層においては食費を切り詰めて生活を維持する中で、それでも賃金が追いつかないのが現実であり、子どもの食生活の貧困のすそ野は確実に広がっているのです。

図Ⅱ−1−1にみるように、子育て世帯の低所得は子どもたちが貧困生活を体験することになり、その実体験は食生活の貧困という形として現われるのです。それが教育機会の剥奪と連動し、子ども期の階層化が鮮明になっていきます。進学機会の不利は就職機会の不利へと連動しており、その結果は低収入・低労働条件での就職となり、家族を形成すれば低所得世帯へと再流入する構造があるのです。

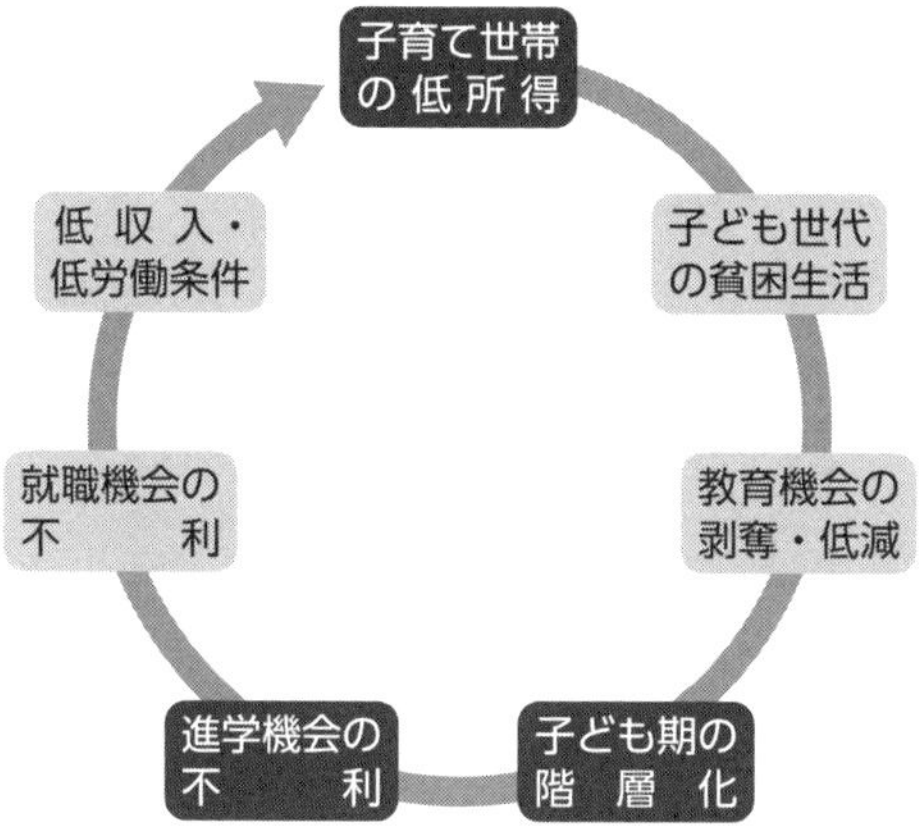

図Ⅱ−1−1　子どもの貧困の再生産のサイクル
出所：著者作成。

豊かな食生活は、憲法二五条で保障する「健康で文化的な最低限度の生活を営む」権利の骨格をなすものです。子どもの権利条約では第二七条（生活水準への保障）で「必要な場合にはとくに栄養、衣服および住居に関して物的援助を行い、かつ援助計画を立てる」ことが国の責任として問われているのです。

3　学校給食の実施状況

表Ⅱ-1-1　学校給食実施状況

	小学校総数　20,543 校	中学校総数　10,482 校
給食実施校数	20,380 校＝　99.2％	9,210 校＝　87.9％
完全給食実施率	98.4％	81.4％
捕食給食実施率	0.4％	0.6％
ミルク給食実施率	0.4％	0.5％

資料：文部科学省、2014 年度調べ。

学校給食実施状況をみますと、全国で学校給食を実施している小学校は九九・二％ですが、中学校は八七・九％（完全給食は八一・四％）です。

中学校について、都道府県別でみますと、ほとんどの県は完全給食実施率が七〇～九九％となっていますが、七〇％以下の実施率の低い府県もあります。神奈川（二五・〇％）、大阪（四二・二％）、兵庫（五三・七％）、滋賀（五五・〇％）、高知（六二・〇％）、京都（六三・〇％）、三重（六六・五％）、和歌山（六八・八％）、奈良（六九・五％）など九府県です。また調理業務を民間企業に外部委託している小中学校は年々増えており、二〇一二年度では三五・八％と三分の一を占めています。

完全給食の実施率が低いということは、自宅から弁当を持っていくことが必要になります。弁当の中身には家庭環境と所得格差が現れることになり、実際には弁当を持たずに登校せざるをえない子どもたちがいます。子どもの食生活の権利のナショナル・ミニマムを保障するためにも全国のどの都道府県においても学校での完全給食一〇〇％実施が実現される必要があります。

4　全国に広がるこども食堂・フードバンク

「こども食堂本舗」のホームページで全国のこども食堂およびフードバンクを確認しますとhttps://www.google.com/maps/d/viewer?mid=14M0WF8s1pr8xTx0wN23dmwQ0uGk（二〇一六年五月五日閲覧）、都道府県別でみれば、こども食堂は次のような開設数となっています。なお本書では「こども食堂ネットワーク」で使用されている「こども食堂」と表記します。

北海道五、岩手一、山形一、福島二、栃木二、埼玉三、千葉一、東京二〇、神奈川八、新潟一、富山一、山梨一、福井一、長野二、静岡四、愛知四、三重一、滋賀一、京都二、大阪五、兵庫二、鳥取一、山口一、福岡九、佐賀一、長崎一、熊本三、大分二、沖縄一七を数えており、全国に一〇三か所となっています。

「こども食堂ネットワーク」（http://kodomoshokudou-network.com/）の事務局が把握しているだけで、全国に一二〇はあるとみられており、ネットワークには約七〇団体が参加しています。同ネットワークが開設講座を企画すると応募が殺到する状況があります（『東京新聞』二〇一五年五月五日）。二〇一五年四月の七か所から一六年四月には六三か所に急増しています（『朝日新聞』二〇一六年五月一四日）。そうした状況をみれば、こども食堂はさらに広がっていく可能性があります。

地域の子どもに無料か安価で食事を提供する「子ども食堂」や同様のとりくみをする場所が、二〇一六年五月末時点で少なくとも全国に三一九か所あることが、朝日新聞社の調査で把握されています。都道府県別に開設数が二桁以上のところをあげれば、東京五〇、滋賀二九、神奈川二二、京都二二、大阪二二、沖縄一七、福岡一五、北海道一四、兵庫一三、愛知一〇となっており、すべての都道府県に最低でも一か所が設置されています。子どもの貧困への関心が高まり、その後も開設が急増しており、今後さらに増える見通しです（『朝日新聞』二〇一六年七月一日）。これらの動きはすべて民間のボランティアによるとりくみになっているのが現状です。

運営の内容（開催日）は、隔月一回、毎月一回、毎月二回、毎週一回などとなっています。なかには「越谷こども食堂」（埼玉・越谷市）のように日曜を除き毎日（週六日開催）という食堂もありますが、現在のところでは、月一、二回の開催が多くのこども食堂の実際です。二〇〜三〇食ほどが提供される場合が多いのです。食堂だけでなく、こどもカフェを開催している「ダイコンこども食堂」（東京・練馬区）や「要町あさやけ子ども食堂」（東京・豊島区）などもあります。

こども食堂の管理者・運営スタッフは、主婦や飲食業者、元教師、さらに大学院生・大学生が運営を担っているなどさまざまな職業の方々が運営に携わっています。これまで市民運動に関わってこなかったスタッフも多くいます。開催の場所は、寺社や教会、個人宅や休業日の飲食店、公民館などの公共施設を会場に開催をしている現状があります。

利用料は、無料から三〇〇円まで、さらにおとなと子どもでは別料金などとさまざまです。一食が五〇円（宮崎・「さいとこども食堂」）、一食が三〇〇円（東京・「ねりまこども食堂」）、おとな三〇〇円、子ども一〇〇円（東京・「はちおうじ子ども食堂」）など、開催の回数や材料の寄贈などの援助体制によって、利用料がちがいます。こうした具体的な子どもの食と健康の権利保障が地域の力で展開されているのです。

つぎにフードバンクの開設数（二〇一六年五月現在）についてみますと、北海道三、青森一、岩手一、宮城二、山形一、福島一、茨城一、栃木二、群馬一、埼玉一、千葉一、東京一、神奈川二、新潟一、静岡一、富山一、石川一、山梨一、静岡一、愛知二、滋賀一、愛知二、京都一、大阪一、兵庫一、和歌山一、鳥取一、岡山一、広島一、徳島一、愛媛一、高知一、福岡一、大分一、宮崎一、鹿児島一、沖縄一などとなっており、四四か所を数えています。

フードバンクとは、企業や地域住民から提供された食品を原則無料で譲り受け、生活困窮者を支援しているNGO・NPO、社会福祉協議会等の団体を通じて野外生活者や貧困世帯向けに食料などを配給する活動です。食事そのものを提供する活動ではありませんが、食材を必要としている家庭に配給する地域の活動です。

子ども食堂とフードバンクの活動は、地域における子どもの貧困、とくに食生活の貧困問題への民間の活動による処方箋となっています。公的な支援を本格的に実施することが政府・自治体に求められています。

子どもの貧困対策法では、（国民の責務）「第五条　国民は、国又は地方公共団体が実施する子どもの貧困対策に協力するよう努めなければならない。」という国民の努力義務規定が書き込まれていますが、むしろ問われているのでは国・自治体の公的責任の果たし方であって、「国又は地方公共団体は、地域住民が実施する子どもの貧困対策に真摯に協力し支援しなければならない」とすべきではないでしょうか。

次条にあるように（法制上の措置等）「第六条　政府は、この法律の目的を達成するため、必要な法制上又は財政上の措置その他の措置を講じなければならない」という責務こそしっかりと果たすことが政府に問われているのです。

5　地域の子どもの貧困対策としてのこども食堂の意義

現在までのこども食堂の子どもの貧困対策における意義について整理してみると、第一に、子どもの食事（主には夕食）を定期的に提供することで、食生活の貧困への具体的な援助をするという点があげられます。

第二に、子どもたちが顔見知りのおとなたちと顔を合わせて、楽しい語らいのなかで、手づくりの食事をすることで、栄養をとるということだけでなく、子どもの居場所として受け入れられているという実感を子どもたちが感じとっていることがあげられます。こども食堂は子どもにとってのひとつの居場所であり、この社会・地域は自分のことを見捨てないでいることを実感する場でもあるといえます。

第三に、こども食堂のとりくみは、相対的貧困率一六・三％の実態と内実を地域住民が知り、実感する場となっているということです。パーセンテージや六人に一人が子どもの貧困の実態にあるといってもなかなか実感としては捉えきれてない現実がありましたが、「こども食堂」や「無料学習塾」を訪れる子どもの声や家族の実際を通して、あらためて子どもの貧困の真実を認識することになっているといえます。

第四として、こども食堂や子どもの居場所づくりを通して、地域のヒューマンケアネットワークが形成される可能性がある点も重要です。こども食堂、フードバンク、学習支援塾、子ども・青年の居場所づくり運動などの人間・子どもを大切にするコミュニティ形成の基盤・関係づくりへと発展させていくことが地域の課題となります。地域の再生を住民主体で発展させていくエネルギーをはぐくむ可能性があります。

第五に、民間でできることを模索しながらも、子どもの貧困への行政的な対策を求めていくことも必然的な流れであるといえます。子どもの貧困の解決はけっして民間の努力に委ねられてはならない、国・自治体の行政責任が問われる課題です。その意味では、地域のソーシャルアクションを引き出すエネルギーを内包しており、行政の支援を求める声は一層高まってくることになります。

こども食堂がコミュニティに急速に広がっているひとつの理由は、比較的少人数による運営でも実施が可能であり、食事を提供できるというやりやすさ・手軽さがあるといえます。子どもたちのために何かをしたいという地域住民が自らのできる範囲で、あまり無理をすることなくすすめられるとりくみです。

現在の課題として、支援を必要とする子ども・保護者に、実際にこども食堂にどう足を運んでもらうかということがあげられています。その点では行政による広報宣伝などのバックアップと、現場の創意工夫が求められています。

6　公的保障で具体化すべき食の保障

図Ⅱ－1－2にみるように、子どもの貧困対策には「四つの処方箋」がありますが、子どもが腹を空かせて困っている状況は行政責任で解決されるべき課題です。こども食堂は民間・市民活動による現物給付のひとつですが、食の保障は学校での福祉課題でもあります。わが国では「早寝・早起き・朝ごはん」推進運動が学校・ＰＴＡのとりくみとしてありますが、その具体化を家族責任に帰するだけではすすまないのが実状です。学校現場では教員の自己努力によって、朝食をとらずに登校する子どもたちに、おにぎりなどを食べさせている現実があります。そうであれば諸外国で具体化している朝食給食を必要な子どもに提供することを検討すべきです。

貧困対策としての朝食サービスの実施に関して、イギリスでは「朝食クラブ」のある小学校四六％、中学校六二％（二〇〇七年）、アメリカでは一二万五〇〇〇校のうち八万七〇〇〇校以上の約七〇％の小中学校（二〇一〇年）で実施しています（子どもの貧困・社会排除問題研究プロジェクト最終報告書『地域は子どもの貧困・社会排除にどう向かい合うのか――あらかわシステム』荒川区自治総合研究所、二〇一一年、七四頁)。すべての子どもがとるのではなく、必要な子どもが登録制で食べられるようにしていけばよいのです。こうした施策を文部行政においても本気で検討すべき時期に来ているのではないでしょうか。地産地消の観点からも、給食設備のある学校で食事を提供することは検討されるべきです。

大阪市は子どもの貧困対策に関する推進本部会議において、自治体としては最大規模の小中学生や幼稚園・保育園児などを対象とした計約六万人分のアンケートによる生活実態調査（二〇一六年六～七月実施）を行っています。子どもの貧困状況を改善するための数値目標や期間を設定し、次年度以降に重点施策などを具体化する方針を掲げています。すでに沖縄も子ども調査を実施していますが、都道府県単位での子どもの貧困対策を具体化していくことが重要になっています。全国各地で子どもの食生活の貧困も含めた事実・現実・真実に迫る調査の実施と改善のための政策づくりが求められています。

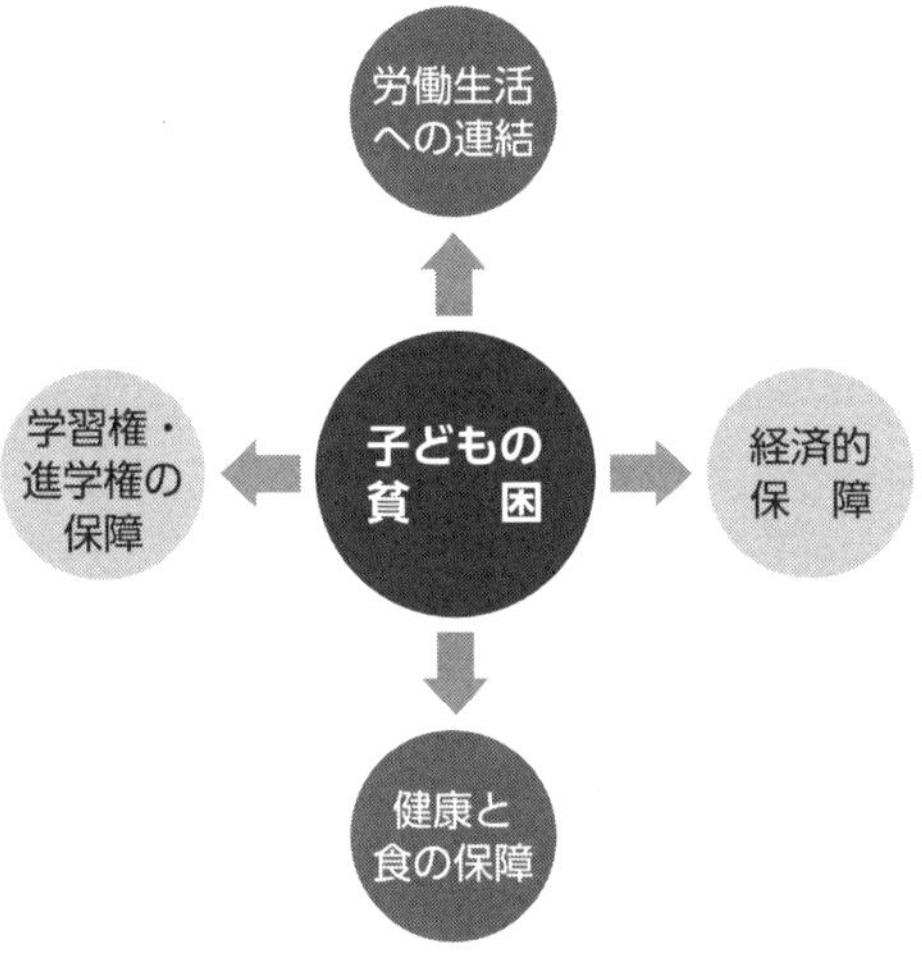

図Ⅱ－１－２　子どもの貧困対策の４つの処方箋
出所：著者作成。

子どもたちを見捨てない社会であることを具体

的なとりくみ（こども食堂、学習支援塾、子どもの居場所づくり、フードバンクの利用などとともに学校教員のていねいな指導・援助、スクールソーシャルワーカーやカウンセラーによる支援、さらに就学援助制度の積極的利用、児童・民生委員による支援、保護者への援助など）を通して伝えたいものです。

2章　学習支援塾（無料学習塾）と学びの権利保障

1　学習権の保障なくして、人間的発達なし

子どもの学習権はまさに子どもの人権の屋台骨です。

「ユネスコ学習権宣言」（一九八五年三月二九日）の内容を確認しておきましょう。

「学習権を承認するか否かは、人類にとって、これまでにもまして重要な課題となっている。学習権とは、

読み書きの権利であり、
問い続け、深く考える権利であり、
想像し、創造する権利であり、
自分自身の世界を読み取り、歴史をつづる権利であり、

あらゆる教育の手だてを得る権利であり、

個人的・集団的力量を発達させる権利である。

〈中略〉

学習権は未来のためにとっておかれる文化的ぜいたく品ではない。それは、生存の欲求が満たされたあとに行使されるようなものではない。学習権は、人間の生存にとって不可欠な手段である。もし、世界の人々が、食糧の生産やその他の基本的人間の欲求が満たされることを望むならば、世界の人々は学習権をもたなければならない。もし、女性も男性も、より健康な生活を営もうとするなら、彼らは学習権をもたなければならない。もし、わたしたちが戦争を避けようとするなら、平和に生きることを学び、お互いに理解し合うことを学ばねばならない。〝学習〟こそはキーワードである。学習権なくしては、人間的発達はありえない。学習権なくしては、農業や工業の躍進も地域の健康の増進もなく、そして、さらに学習条件の改善もないであろう。この権利なしには、都市や農村で働く人たちの生活水準の向上もないであろう。端的にいえば、このように学習権を理解することは、今日の人類にとって決定的に重要な諸問題を解決するために、わたしたちがなしうる最善の貢献の一つなのである。

〈中略〉

それは基本的人権の一つであり、その正当性は普遍的である。学習権は、人類の一部のものに限定されてはならない。すなわち、男性や工業国や有産階級や、学校教育を受けられる幸運な若者たちだけの、排他的特権であってはならない」。
学習権は、「人間の生存にとって不可欠な手段」であり、「学習権なくしては、人間的発達はありえない」のです。そうした観点に立てば、人生のはじめの時期から学ぶ機会の不平等な現実が放置されているとすれば、それは子どもの権利条約の権利が保障されていない状態であり、憲法の三〇か条に及ぶ人権条項の侵害でもあると言わざるをえません。子ども・若者にとって学習権と人間的発達はまさにメダルの裏表であり、一体不可分の関係にあるのです。

2　学習支援塾の広がりの背景としての「子どもの貧困」

子ども・青年期の学ぶ権利が侵害されている子どもの貧困状況が広がっており、そのことが学習支援塾を心ある人たちによって立ち上げる原動力となってきました。学習支援塾の設立の勢いは各地に大きく広がっていますが、同時に運営をしていくうえでは多くの課題を抱えているのが実際です。

貧困・格差の拡大を背景にして、二〇一五年四月より施行された「生活困窮者自立支援法」の第六条に子どもの学習支援が盛り込まれたことも大きな推進力になりました。同法第六条には「都道府県等は、生活困窮者自立相談支援事業及び生活困窮者住居確保給付金の支給のほか、次に掲げる事業を行うことができる。……4　生活困窮者である子どもに対し学習の援助を行う事業」が明記されています。ただしこの学習援助事業を含めた第六条は「事業を行うことができる」という任意事業の規定ですが、確実に各自治体で広がっています。多くの自治体が補助金を拠出することで、親の困窮を世代継承・連鎖させないためにも学習の援助と適切な環境を保障するとりくみがなされています。

厚生労働省社会・援護局地域福祉課生活困窮者自立支援室がまとめた「平成二八年度　生活困窮者自立支援制度の実施状況調査　集計結果」（調査時点／同年四月一日、回収率一〇〇％）によると、「子どもの学習支援事業」の実施状況は、平成二六年度（モデル事業）では一八四自治体、二七年度三〇〇自治体（三三％）、二八年度では四二三自治体（四七％）で実施というように大幅に増加しています。学習支援事業の先進県ともいえる埼玉県では、全市町村で生活困窮世帯への無料学習支援を民間と連携して取り組んでいます。そのなかでも代表的なのは県内の二六市二三町村と学習支援の受託契約を結んでいる団体が「彩の国子ども・若者支援ネットワーク」（http://www.kodomoshiennet-asuport.com/）で、学習支援教室「アスポート」を開設しています。現在、埼玉県（担当／福祉部社会福祉課）では、県内生活保護受給世帯を対象に、「職業訓練」「住宅確保」「教育支援」の三分野について専門性を持つ支援員がサポートする「ASUPORT（アスポート＝生活保護受給者チャレンジ支援事業）」を実施しています。柱の一つである「教育支援」では、生活保護受給世帯の子どもを対象とした高校進学のための学習教室を、高校進学率の向上など「貧困の連鎖」を防止するためのとりくみとして、二〇一〇年から活動を立ち上げ、現在は中学生向けの四四教室、高校生向けの二〇教室、専従スタッフ六八人、ボランティア約六三〇人が携わっています。塾講師がマンツーマンで教え、不登校や教室に来られない生徒には家庭訪問も実施しています。そうした活動ができているのは、行政が人件費を予算化していることで実施されている面があります。ボランティアは、埼玉大、大東文化大、立教大を中心に三三大学から、五〇〇人ほどの学生が参加しているのが実際です（『朝日新聞 DIGITAL』二〇一六年四月九日）。

3　国・文部科学省の子どもの貧困対策

平成二八（二〇一六）年度の文部科学省予算等における「子供の貧困対策の総合的な推進」で具体的な施策がまとめられています。

文部科学省は「幼児期から高等教育段階まで切れ目のない教育費負担の軽減を目指す」ために、幼児期―幼児教育の無償化（平成二八年度三四五億円）、義務教育段階―就学援助の充実（八億円）、フリースクール等で学ぶ不登校児童・生徒への支援（平成二七年度補正予算／六・四億円）、高校等段階―高校生等奨学給付金の充実（一三一億円）、高等教育段階―大学等奨学金事業の充実（三二二五億円［無利子奨学金事業］）、各大学等における授業料減免への支援の充実（四〇九億円）などが柱に据えられて「誰でもがいつでも、希望する質の高い教育を受けられる社会を実現」することが謳われています。

表Ⅱ－２－１　居住形態別・年間でかかる大学の学費と生活費

	私立大・自宅通学生	国立大・自宅外通学生[1]
学　費[2]	1,369,400 円	623,700 円
生活費[3]	400,200 円	1,090,900 円
合　計	1,769,600 円	1,714,600 円

注１　自宅外通学生＝下宿、アパート、その他より通学。
　２　学費＝授業料、その他の学校納付金、修学費などの合計。
　３　生活費＝食費、住居・光熱費、保健衛生費などの合計。
資料：日本学生支援機構「平成 26（2014）年度学生生活調査」の「居住形態別・収入平均額及び学生生活費の内訳（大学昼間部）」より作成。

平成二八年度の教育費負担の軽減のための主要項目の総計は五〇〇一・四億円となっています。

問題はこの程度の財源措置では、きわめて不十分であるということです。そもそも子どもの教育費は、幼稚園から大学までの一九年間に教育費は、すべて公立学校に進学する場合でも約一〇〇〇万円（一〇二一万九四七九円）、高校まですべて公立だと五〇四万円が必要になります。すべて私立に進学する場合では、文系で二三六九万円（大学の期間だけで六九〇・八万円）、理系だと二四九一万円（同じく八一二・五万円）という状況になっています。高校まですべて私立だと一六七八万円が必要になります（文部科学省「平成二四（二〇一二）年度子どもの学習費調査」／日本政策金融公庫「平成二五年教育費負担の実態調査」教育費負担の実態調査結果［国の教育ローン利用勤務者世帯］）。

文部科学省「平成二六年度　子供の学習費調査」（二〇一五年一二月二四日）によれば、幼稚園にかかる費用（年間）は、公立で学習費総額（幼稚園教育費、給食費、幼稚園外活動費で構成）が二二万二二六四円、私立では四九万八〇〇八円（二・二倍）、小学校では公立三二万一七〇八円、私立一五三万五七八九円（四・八倍）、中学校では公立四八万一八四一円、私立一三三万八六二三円

（二・八倍）、高等学校（全日制）では公立四〇万九九七九円、私立九九万五二九五円（二・四倍）となっています。とくに幼稚園から高校まですべて私立に入学した場合の一五年間の学習費総額は一七七〇万円を要することになります。

大学学部（昼間部）の一年間の学費（授業料、その他の学校納付金、修学費、課外活動費、通学費の合計）は、国立大学で六七万三七〇〇円、公立六八万二一〇〇円、私立一三一万九七〇〇円というのが実際です。

また日本学生支援機構「平成二六年度学生生活調査」の「居住形態別・収入平均額及び学生生活費の内訳（大学昼間部）」で、居住形態別（自宅通学、自宅外通学）で比較すれば、私立大・自宅通学生と国立大・自宅外通学生の二つのパターンでみると、年間一七〇万円が最低限の学生生活経費となっています。これにクラブ・サークル経費、ゼミ経費、テキスト代、交際費なども少なくない金額が必要となります。

私立大・自宅通学生でみれば、学費・生活費だけでも毎月一四万七四六七円がかかります。

私立大の場合、学費だけでも毎月一一万四一一七円が必要となるのです。自宅外通学生の場合、生活費は月約一〇万円かかっているのが実際です。

4　貧困な教育政策の改善を

　これまでも何度も指摘されてきたことですが、日本の教育への公的支出が国際的にみても顕著に低いことがあげられます。経済協力開発機構（ＯＥＣＤ）は、二〇一二年の加盟各国の国内総生産（ＧＤＰ）に占める教育費への公的支出の割合を公表しています。日本は三・五％で比較可能な三二か国中、スロバキアと並び最下位という状況でした。ＯＥＣＤ平均は四・七％となっています。ＯＥＣＤによると前年までは幼稚園など就学前教育への支出を含めた統計で、日本は五年連続で最下位というのが実態です。今回から就学前教育を除き、小学校から大学までの支出で統計をとる方法に切り換ったのですが、依然として日本の公的支出が低い実状が浮き彫りとなっています。一位はノルウェーの六・五％。ベルギーとアイスランドの五・九％、フィンランドの五・七％と続いています。

　政府支出に占める公的教育費割合（二〇一三年）は三七か国中三二位で、下から六番目の国となっています。

　反対に、幼児期から大学までの教育にかかる費用のうち、授業料や給食費などを家庭が支出する割合は二九・八％となっています。とくに大学の授業料などの教育費は、他の国々と比べて私的な負担が大きく、小中高校の教育経費に占める公的支出はＯＥＣＤ平均（九一・五％）となっており、

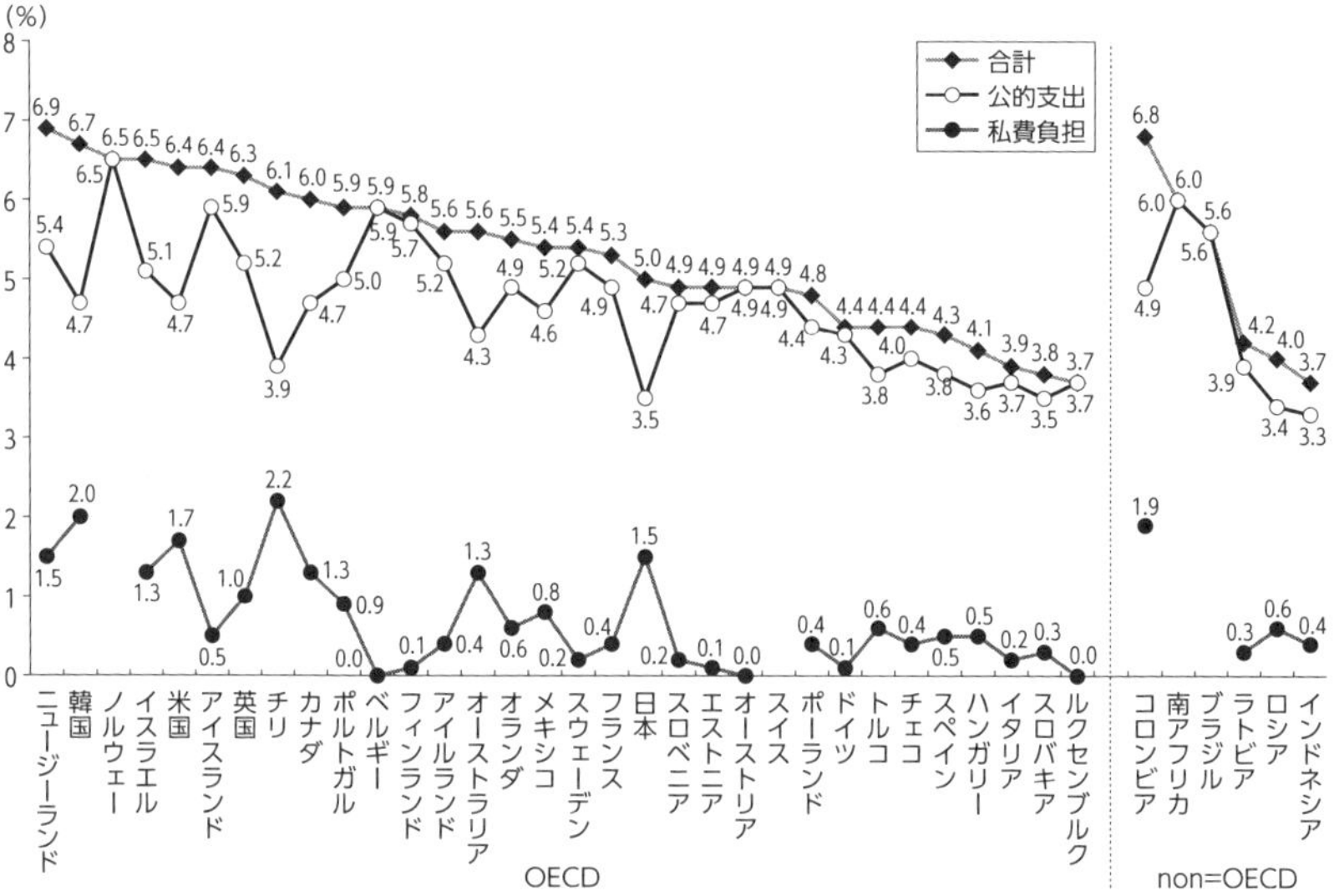

図Ⅱ-2-1　学校教育費の対 GDP 比（2012 年）

注；初等教育から高等教育までの教育機関（幼児教育を除く）の教育費が対象。ノルウェー、スイス、南アフリカ、ブラジルは公的支出のみ（スイスは高等教育について、ノルウェーは高等教育以外について）

資料：OECD, Education at a Glance 2015 (Chart B2.1.)

出所：社会実情データ図録　http://www2.ttcn.ne.jp/honkawa/3950.html

国際的な水準の九三%となっています。しかし高等教育では家庭（保護者負担）からの支出が約六五・六%を占める現状にあり、ＯＥＣＤ平均の二倍以上になっています。

二〇一〇〜一一年度の国公立の高等教育期間の平均授業料は五〇一九ドルとなっており、比較できる国の中で五番目に高いのが実際です。それにも関わらず、公的な給付型の奨学金の利用者は約四割にすぎません。そのうち、給付型奨学金はわずか三%にすぎないのです。

日本は奨学金を受給している学生の割合が少なく、とくに給付型奨学金の割合が限定されている現実があります。

5　学習支援塾の現状と課題

ＮＰＯ法人さいたまユースサポートネット（所在地／さいたま市、代表／青砥恭）が二〇一五年九月〜一〇月に、全国の福祉事務所を設置する自治体（四七九団体）と生活困窮者自立支援法に基づく学習支援事業受託団体（九八団体）の合計五七七団体を対象に、「生活困窮者自立支援に基づく学習支援事業」についてアンケート調査を実施した貴重な報告（二〇一六年三月一七日発表）があるので、それを紹介しながら、現状と課題を考えてみましょう。

同報告では、その内容を簡潔に次のようにまとめられています。

1　福祉事務所を設置する自治体に調査

◉学習支援での実施自治体は約三割にとどまっている。ただ、二〇一七年度は半数以上が実施する見込みである。

◉人口数と実施自治体数は、基本的には比例している。ただ、自治体により高い積極性が見られた。

◉委託での実施が約七割となっており、委託先としては、ＮＰＯ法人など民間団体が中心である。

◉実施しない最大の理由として「地域に実施できる団体や人がいない」が六割強となっている。

◉実施自治体の約七割が「生活保護受給世帯」を学習支援の対象としている。

◉中学一～三年生を対象に実施している自治体が約七割となっている。

◉対象世帯がすべて参加しないのは、学ぶことへのあきらめが子どもと親の双方に見られることが大きい。

◉学習予算事業の費用は「基準額」があるものの自治体によって大きな差がある。等

2　生活困窮者自立支援法に基づく学習支援事業受託団体への調査

◉ＮＰＯ等の学習支援事業受託団体は、教育機関との連携に必要性を感じていながらも、実際にはできていない。

同調査の実施団体のまとめを踏まえて、少し補足的に分析を加えておきます。

現状と課題の第一に、二〇一七年度には実施予定の自治体二〇・三％を加えると、過半数となりますが、今後は自治体の規模や姿勢に関わりなく、すべての自治体で具体化されるためのインセンティブの政策的な方針が問われています。とくに「実施予定なし」の四五・三％の自治体への実施のための基本方針が必要です。自治体任せでいるような状況ではないことは明らかです。多くの団体が運営費のやり繰り、塾講師の不足、場所の安定的な確保などの

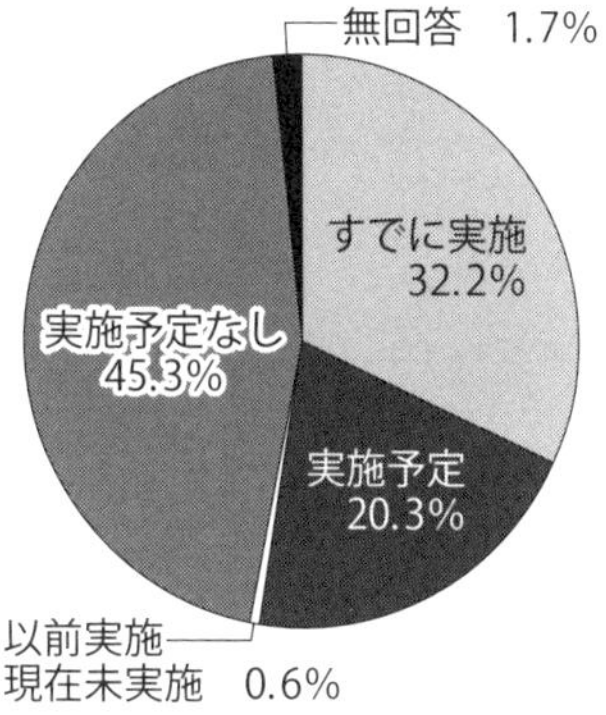

図Ⅱ－２－２　学習支援の実施状況について（対象：自治体）

出所：NPO 法人さいたまユースサポートネットの 2016 年の報告。

課題を抱えながら、活動を行っているのです。国・自治体の本気度が問われています。

第二に、実施機関（二五一団体）と委託先（一六八団体）についてみますと、実施機関としては「直営」が二一・九％、「委託」（業務を、当事者に代わって頼みゆだねること）が六六・九％、「無回答」一一・二％となっています。「委託」が全体の三分の二を占めているのが現状です。

委託先（複数回答を含む）が、「ＮＰＯ法人等」四〇・五％、「社会福祉協議会」一四・三％、「営利法人」六・〇％、「社会福祉法人」四・八％、「大学等の教育・研究機関」二・四％、「その他」一二・五％、「未確定」二三・八％、「無回答」二・四％などとなっています。

こうした委託先の状況は、こども食堂においても同様ですが、子どもの貧困対策としての学習支援事業においても民間団体や個人の献身的な努力に依拠している現実を反映しているといえます。報告にあるように、「民間団体や個人と行政の連携が進んでいる」という側面もありますが、むしろ問われているのでは、行政の公的責任の果たし方であるといえます。

財政的な支援をして、あとはＮＰＯ法人などに支援の質と量を委ねるのは、子どもの貧困対策の公的責任の果たし方として検討される必要があるのではないでしょうか。

第三として、最も大きな問題は、「学習支援事業を実施しない理由」に関する内容（複数回答で、Ｎ＝二二〇）です。実施しない、つまり、できない最大の理由は「地域に実施できる団体や人がいない」が六四・五％です。ほかに「財源」（四五・五％）、「子どもがいない」（三〇・五％）、「場所」（二〇・九％）、「交通手段」（二〇・五％）、「実施方法」（一七・七％）、「必要性がない」（一〇・五

%）、「その他」（二五・五%）、「無回答」（六・八%）という結果となっています。

この結果は、①地域・自治体に実施の資源（団体や人材）がないこと、②実施していく上での運営経費、人件費の不足、③学習支援活動を行う会場の確保という問題に集約されます。これは今後、学習支援塾を全国各地に広げていく際に、共通する基本条件です。

あわせて第四として「子どもがいない」（三〇・五%）という問題を三割の自治体が抱えている現実があります。この点に関して、例えば沖縄県でのとりくみが参考になります。それは、大学進学をめざす生活困窮世帯の高校生を対象に、学習塾の授業料や教材費を全額支給する「県子育て総合支援モデル事業」で、対象は、児童扶養手当受給や住民税非課税の世帯、児童養護施設や里親家庭などで暮らす高校生です。二〇一六年一二月に新たに開講する名護市、宮古島市、石垣市の三教室の生徒募集を始めています。この事業は一括交付金を使った県委託事業で、那覇市と沖縄市は二〇一四年度に開始をしているものです（『沖縄タイムス』二〇一六年一二月三日）。

こうした募集の方法だけでなく、小中学校の場合には、行政が学校と支援団体との橋渡しをすることで、支援のしくみから落ちこぼしている子どもたちを支援組織・団体とつなげていくシステム作りが必要になっています。

6　学習支援塾を質量ともに推進するための課題

今後の課題を考えるうえで前提として検討すべきことは、①学習支援塾を全国に広げていくためにどのような設立支援の条件整備が必要になっているのか、②現在、すすめているとりくみで何が困難となっているのか、③国・自治体がいかなる財政的な支援をすることが求められているのかを明らかにすることであるといえます。

学習支援塾の質量ともに推進するための課題の第一は、学習支援塾の支援対象の範囲（経済的条件、世帯条件、年齢など）をいかに設定していくかです。

先の「さいたまユースサポートネット」の調査（この項目の総数二五二）では、「生活保護受給世帯」を対象にしているのが六八・一％の自治体となっています。「就学援助制度利用世帯」が二二・七％、「児童扶養手当受給世帯」が一三・三％、「ひとり親世帯」一一・六％、「その他」四〇・六％となっています。しかし生活保護世帯に関していえば、捕捉率の低さを考えると、「生活保護受給世帯」をまずは中心的な対象とするにしても、貧困の状態にある子どもたちについて登録制で把握するとともに、学習支援塾を活用すること、申込みを勧奨することも学校教育現場との連携のなかで検討すべきではないでしょうか。「勧奨」というしくみは、児童福祉法の保育保障にかかわる第二四条4では、「市町村は、……通知を受けた児童その他の優先的に保育を行う必要があると認められる児童について、その保護者に対し、保育所若しくは幼保連携型認定こども園において保育を受けること又は家庭的保育事業等による保育を受けること（以下「保育の利用」という。）の申込みを勧奨し、及び保育を受けることができるよう支援しなければならない」という文言で法的に規定されています。

群馬中央医療生協が二〇一六年二月から始めた無料学習塾「ひろせ川教室」は、毎週木曜日の午後四時半から六時半まで開いており、家庭での学習が難しい児童を対象にして、近くの広瀬小学校を通じて生徒を募集しています。講師は元教諭や小児科医で、学習だけでなく医療機関と連携し、発達障害などにも対応していくという現実があります（『朝日新聞DIGITAL』二〇一六年四月九日）。

学習支援事業に対象世帯（生活保護世帯、就学援助世帯、ひとり親世帯など）が参加しない現状に関して、学力の形成や学ぶことへのあきらめが浸透している現状もみなければなりません。そのことは〝あきらめの文化〟が貧困世帯を覆い、子どもたちの生育過程において確実に貧困の文化としての〝あきらめの文化〟が子どもの人格形成に影響を与えているのです。そうした現実があるとすれば、学習支援は学力の向上を通して、あきらめの文化に立ち向かう力の形成を実践的な目的のひとつにしなければならないのです。

対象学年（総数二五一）に関して、現状では中学一年〜三年生を対象にしている自治体が約七割となっています。これは当面の学習支援のとりくみが高校進学の向上をターゲットにしていることにもよります。〝小一のカベ〟といわれる状況もあるなかで、小学校一・二年生といった就学初期の学習への軟着陸を確実なものとしていく今後の課題があります。

それとともに貧困層の生徒の高校中退率の高さが顕著なことから、高校卒業の支援とさらにその後の進路保障を具体化していくことが目標とされる必要があります。そのためには学力の形成とともに給付型奨学金のEU諸国並の拡充が必要不可欠ですし、生活面での支援を結合させる〝修学型自立援助ホーム〟の制度化が求められています。

質量ともに推進するための課題の第二として、学習支援塾の会場確保と学習支援の方法があげられます。

会場確保の課題は重要です。現在、学校の空き教室，公民館、大学の教室、福祉施設、寺社などが使用されていますが、今後は自治体の所有・管理する施設の活用を積極的に検討すべきです。

また学習支援の方法として教室での開催だけでなく、「訪問」（アウトリーチ戦略）の展開を組み合わせた活動のあり方が求められているのではないでしょうか。貧困実態にある子どもたちを発見し、家族支援も含めた学習支援事業の展開が問われているのです。それは個別指導を基本にした学習メンター制度を具体化していくことでもあるのです。そうしたアウトリーチ戦略（ニーズを抱えた人々を待つのではなく、必要な人に積極的にアプローチしていく支援方法）を組み合わせながらすすめることが必要になっています。

質量ともに推進するための課題の第三として、学習支援スタッフの人材確保が重要な課題となっています。有償専任スタッフとしての位置づけを明確にするためには人件費の公的な保障が不可欠です。民間のボランティアによる努力に依拠するだけでなく、人材確保を戦略的に位置づけることが必要です。保育や介護施設などでも人材不足になっている現実のもとで、行政と民間が協力し合いながら、学習支援塾を各地に広げていくためには人材の確保が決定的に重要です。人材確保としては、①現在も尽力をされている教員退職者の積極的活用、②有料学習塾（企業）との連携、③学生・院生の有償ボランティアとしての活用などがあげられます。あえて②に関連して補足的にいっておきますと、学習塾業界の社会貢献活動として、しっかりと底辺の子どもたちに学習指導の経験知を提供することも求められていると思います。またそうした要請に応えていただきたいと願っています。

第四として、公的支援の骨格にある財政的な確保のあり方も求められています。その点で問われるのは、学習支援事業の基準額の設定の仕方です。人口規模五万人未満では三〇〇万～六〇〇万円、五～一〇万人未満では六〇〇万円～九五〇万円、一〇万～五〇万人未満では一一〇〇万円～二〇〇〇万円、五〇万人以上でみれば三〇〇〇万円～六〇〇〇万円となっています。こうしてみると五〇万人未満では基準額が相当低く見積もられていたことを指摘できます。

第五として、学校外・地域での学習支援を必要としている子ども・生徒への働きかけ方・募集の方法も検討が急がれます。この点は先にもふれたように、学校と学習支援塾との情報交換・提供に関して、自治体が方針を明示する必要があります。その点に関していえば、「学習支援推進協議会」（仮称）を都道府県レベル、市町村（市内のブロック、市町村連合ブロック）のレベルで開設をしていくことが必要ではないでしょうか。

第六に、学習支援塾の相談機能の拡充も検討されるべき課題としてあげておきます。子どもからの学習方法、進路などに関して相談を受けるとともに、保護者からの相談を必要に応じて受けることも今後の重要な課題となっています。こうした相談機能は、すでに各学習支援事業のなかで実行されているのですが、元学校教員の経験的な蓄積をもっと活用することが必要なのではないでしょうか。家庭内暴力（ＤＶ）の被害者らを支援するＮＰＯ法人「ひこばえ」（群馬県前橋市）は、ＤＶにより離婚した家庭の子どもに対し、心のケアもおこなっています。

最後に、こども食堂が全国に広がっているもとで、学習支援事業と子どもの食生活の支援を結合させることで、学習と食生活の支援を相互補完的に活動しながら広げていくことも可能なのではないでしょうか。ボランティア団体「あかるい未来ネット」（群馬県館林市）は、学習支援のほかにフードバンクを活用して子どもに食事を無料で提供する「子ども食堂」も開いています。

全国のどの地域においても、子どもが学習に意欲的に取り組めるように学習支援塾の活動が広がっていくことが必要です。そのためには、まずは学校が学ぶ場としての機能を果たすために、教職員の労働環境の改善をすることが求められています。学習支援塾がその社会的役割を効果的にすすめるためには、学校現場との連帯・連携があって開花していくのではないでしょうか。

3章　児童養護施設の子どもの大学進学

1　大学進学の状況

本章は、〝いま、なぜ児童養護施設の子どもたちが活用できる奨学金制度なのか〟についての論点を整理するものです。

児童養護施設で暮らす子どもたちにとって、社会的自立が今日ほど厳しい時代はないといっても言い過ぎではないでしょう。現在ほど貧困・格差が広がった社会はないということでもあります。とくに児童養護施設入所の理由において、虐待ケースが急増しているなかで、家族的な支援は多くを期待できないし、高校卒業だけでは独立世帯で自立生活を営むことは困難であることは言うまでもないことです。

二〇一四年七月一五日、厚生労働省が公表した「国民生活基礎調査」で、二〇一二年の相対的貧困率が一六・一％となり、一七歳以下の子どもの貧困率は前回を〇・六％上回って一六・三％に達し、はじめて国民全体の貧困率を上回った。さらにひとり親家庭の貧困率が五四・六％と前回調査（二〇〇九年）を三・八％も上回ったのです。

大学等に入学しさえすれば、それですべてよしということではありません。後述するように、大学中退率は全体の数値よりも、児童養護施設から入学した学生のほうがはるかに高い中退率を示しています。実際の大学生活を過していくと、学びの場もまた格差社会の現実のなかにあります。留学や海外インターンシップにチャレンジしようと思えば、授業料とは別に数十万から一〇〇万円を超える費用を必要としますし、また社会福祉実習や教育実習に行けば、バイト生活と両立できないで収入は減ることも明らかです。ゼミでの研究合宿やクラブ活動はもとより、交友関係にはお金がかかります。

今日の大学生の親元からの仕送りは、東京地区私立大学教職員組合連合の調査「私立大学新入生の家計費負担調査　二〇一五年度」(www.tfpu.or.jp/2015kakeihutan-chousa-essence20160406.pdf)によると、二〇一五年度に私立大学に入学した下宿生（地方から出てきた大学生など）が親から毎月送ってもらった「仕送り額」は八万六七〇〇円となっています。この金額は、一九八六年度の調査開始以来の最低額となっています。ちなみに仕送り額のピークは一九九四年度の一二万四九〇〇円でした。二〇一五年度の家賃等経費が六、七万円とすれば、単純に仕送り額から家賃を差し引くと、残るのは二、三万円となりますし、単純計算でいえば、家賃を除いた一日あたりの生活費はわずか八五〇円となります。アルバイトは大学生活にとっては必須要件となっており、大学進学は少子化の進行で、大学が入りやすくなったなかで、経済的支援があるかどうかが決定的な条件になっているのです。

2　児童養護施設から見える日本の家族の現状

二〇一四年三月に発表された「平成二四年度社会福祉施設等調査の概況」(二〇一二年一〇月一日現在)によれば、施設数五八九、定員三万四四一〇人(調査票回収/在所者数二万八一八八人)となっています。主には幼児から高校生までの約三万人の子どもたちが全国の児童養護施設で暮らしており、直近では施設数は六〇〇か所を超えている現状があります。

二〇一五(平成二七)年度中に、全国二〇八か所の児童相談所が児童虐待相談として対応した件数は、前年度比一万四三二九件増の一〇万三二六〇件(速報値)で、これまでで最多の件数となっています。

児童養護施設で暮らす子どもたちの入所理由=児童養護問題の発生理由(二〇〇八年)をみましょう。総数三万一五九三人のうち、割合の多い順に発生理由(多くのケースが重複した問題を抱えているが、入所措置理由は緊急性の高い問題を「主訴」として分類する)を列挙すると、「虐待(放任・怠惰、虐待・酷使、棄児、養育拒否)」三三・一%、「(父・母の)精神疾患」一〇・七%、「(父・

母の）就労」九・七％、「破産等の経済的理由」七・六％、「（父・母・父母の）行方不明」七・〇％、「（父・母の）入院」五・八％、「（父・母の）拘禁」五・一％、「父母の離婚」四・一％、「その他・不詳」一〇・五％などとなっています。今日の家族が抱える深刻な生活問題が児童養護施設に集約されているのであり、児童養護施設の場は現代社会の家族問題の凝縮点であり、同時にこれからの家族の一〇年〜二〇年先を示している展望台の位置にあるのです。

児童養護施設への入所理由で多数を占めているのは「虐待」です。主訴だけでなく、虐待を受けた児童の割合は、五三・四％となっています（厚生労働省「児童養護施設入所児童等調査結果」二〇〇八年二月）。実際に都市部や現場感覚ではもっと多いといえます。

「児童虐待相談のケース分析等に関する調査」（主任／丸山浩一、こども未来財団、二〇〇九年三月）によれば、①虐待者の就労状況で正規就労は二九・六％にすぎない。②したがって虐待者と世帯の経済状況でみれば課税世帯は三分の一にすぎない。③虐待につながる要因としては経済的な困難、虐待者の心身の状況、ひとり親家庭、夫婦間不和、不安定な就労などがあげられています。こうした調査結果などをみても、虐待問題の根底には貧困問題があることは明らかです。

総じていえば、児童養護施設の在籍児童は、わが国の家族の養育問題の最も困難な階層から入所しており、そのことを意識すれば、要養護問題の再生産サイクルにいかにくさびを打つのかが課題として問われているといえます。要養護問題は親の低学歴、不安定就労、低収入、生活保護世帯などのなかで、養護問題は世代継承性の側面をどのように変革していくかが求められているのです。

児童養護施設の子どもたちの高校進学はもとより、大学等の進学を家族の経済力に関わりなく保障する課題は、日本の家族の貧困克服への大きな意味を持っており、一人ひとりの子どもを大切にする福祉・教育政策の根本が問われている課題でもあるのです。

3　児童養護施設児童の高校等進学率の推移

1　児童養護施設における高校進学率　一九六〇年代～七〇年代

戦後直後の応急対応期としての五年間を踏まえて、一九五〇年代にはホスピタリズム論争の約一〇年間を経て、養護実践の課題が鮮明になってきたのが六〇年代の特徴でありました。それは児童養護施設児童を高度成長期の経済政策との関連でいかに位置づけていくのかという福祉政策側の課題でもあったといえます。

表Ⅱ－3－1を参考に、一九六〇年前後をみれば、高校進学率は四・四％～一一・六％を推移しており、その数値は一九七四年まで続いています。その間、「就職進学」（定時制進学）が一〇％台～二〇％前後という状況があります。これは児童養護施設の現場が苦肉の策としてとってきた教育権拡充の戦略ということができます。同時に、多くの場合、施設側では中学卒業までが児童養護の在籍対応期間として考えざるをえなかったのです。児童養護施設においては一九七〇年代になって「一八歳養護」が実践的な課題としてようやく意識されるようになってきたといえますが、中卒＝施設退所＝〝社会的自立〟でよしとする施設、あるいは退所後は定時制進学を利用することによってあとは自己努力でやっていきなさいという選択肢をとらざるを得ない現実があったことも事実です。つまりどの施設に「措置」(行政庁の入所決定)されるかが児童養護施設児童の進路選択を規定していたという状況もあったのです。

あえてこういう認識を提示するのは、今日の児童養護施設で暮らす子どもたちの大学進学をどのように考えるのかという問題提起の側面を受けとめていただきたいからです。施設退所＝措置の切れ目が権利の切れ目になるのではなく、大学進学の権利をいかに具体化するのかを本気で考え行動するのかが問われていると思っています。

表Ⅱ－3－1で明らかなように、一九七四年を画期として高校進学率は上昇していきます。一〇%前後から一九七四年には進学率一九・五%、就職進学二一・八%、七七年ではそれぞれ二五・一%、一九・八%、七八年三三・三%、三五・四%と大きく改善されています。それは一九七三年から措置費で「特別育成費」として進学助成が行われたことが背景にあります。高校進学を「特別育成」という捉え方自体が問題であるといえますが、ここで考えるべきことは制度的財政的保障が実施されることで高校等の進学率の改善が実現していったという事実です。

高等学校に進学した児童に対しては、「児童福祉法による入所施設措置費国庫負担金の交付基準について(昭和四八［一九七三］年厚生事務次官通達)」によって、特別育成費を支弁するものとし、その内容は高等学校の教育に必要な諸経費であって、授業料、クラブ費、生徒会費等の学校納付金、

表Ⅱ－3－1　児童養護施設退所児童の進路状況の推移　1960年代〜70年代

調査年		1961年①	1965年②	1965年③	1969年④	1972年⑤	1974年⑥	1974年⑦	1977年⑧	1978年⑨
対象者退所年度		57〜60年	60〜64年	1964年	1969年	1971年	68・70・72年	1974年	1976年	1977年
調査対象地域		全国20施設	全国	東京	全国	全国	全国	全国	全国	東京
進路	就職	86.2%	77.6%	77.2%	68.0%	71.6%	68.8%	45.7%	39.9%	33.3%
	進学	4.4%	10.0%	11.6%	9.4%	8.3%	8.9%	19.5%	25.1%	35.4%
	就職進学			8.1%	13.9%	20.1%	11.9%	21.8%	19.8%	15.7%
	職業訓練校（各種学校含む）				5.7%		7.9%	10.0%	15.2%	15.7%
	その他・不明	9.4%	12.4%	3.1%	3.0%			3.0%		

出所：浅井春夫「養護施設におけるアフターケアの現状と課題」『児童養護の新たな展開』あいわ出版、1987年、78頁。

資料：①社会事業施設研究会「施設退所児童の社会適応に関する調査研究」1961年、②施設の子供達と進む会「養護施設出身者児の雇用改善とアフターケアの確立について」1965年、③東京都社会福祉協議会「養護施設出身児童の就職状況」1965年、④全国社会福祉協議会養護施設協議会（以下、全養協と略す）「養護施設における44年3月中学校卒業児童の進路に関する調査」1969年、⑤青少年福祉センター「養護施設児童の義務教育終了後に関する調査」1972年、⑥同前「養護施設児童の義務教育終了後に関する調査」1974年、⑦全養協「養護施設における49年3月中学校卒業児童の進路に関する調査」1974年、⑧行政管理庁行政監察局「51年3月中卒の養護施設児童に関する調査」1977年、⑨青少年福祉センター「東京都養護施設卒園児の動向」1978年。

教科書代、参考図書代、学用品等の教科学習費、交通費、通学用品費等の通学費等です。

二〇一六年度予算ベースで特別育成費の金額は、国公立分児童一人月額二万二九一〇円、私立分児童一人月額三万三九一〇円、入学時特別加算費児童一人年額六万一〇三〇円となっています。

その他に、二〇〇九年度より中学生の学習塾代を措置費で支弁されることになっています。学習塾代は「施設又は里親のその月におけるその措置児童の中学生のうち学習塾に通っている児童であって、学習塾に必要な授業料（月謝）、講習会費等の実費を合算した額」となっています。問題はこの措置費を各施設がどこまで利用しているかで、その意味では児童養護施設における進路指導の基本姿勢とあり方が鋭く問われているのです。

2　児童養護施設における現在の高校進学率

児童養護施設の中学卒業後の進路（二〇一四年度末に中学校を卒業した児童のうち、一五年度五月一日現在の進路）は、児童養護施設児（二四六二人）のうち、「高校等進学」は二三四三人（九五・二％）、「専修学校等」四五人（一・八％）となっており、進学率は九七・〇％となっています。全中卒者（一一七・五万人）の「高校等・専修学校等」の進学率九八・八％で、その差は一・八％に縮小しているのが現状です。

児童養護施設児の「就職」は四五人（一・八％）、「その他」二九人（一・二％）で総計三・〇％となっており、全中卒者では一・一％となっており、中卒就職者はきわめて少数となっているのが実際です。

厚生労働省「平成二七年度『高校・中学新卒者の求人・求職・内定状況』取りまとめ」（二〇一六年三月一八日）によれば、中卒者の求人数は、年間を通して一五四八人で、求職者（学校又は公共職業安定所の紹介を希望する者のみの数）では八八〇人にすぎないのです。そもそも年間を通して中卒者に対する求人・求職者数はこの程度しかありません。高校中退者を含めると実際の求人数は

表Ⅱ－3－2　児童養護施設児童の進学、就職の状況

［厚生労働省「社会的養護の現状について（参考資料）」］

①中学卒業後の進路（平成 24 年度末に中学校を卒業した児童のうち、平成 25 年 5 月 1 日現在の進路）

	進学				就職		その他	
	高校等		専修学校等					
児童養護施設児 2,496人	2,366人	94.8%	46人	1.8%	53人	2.1%	31人	1.2%
(参考)全中卒者 1,185千人	1,166千人	98.4%	5千人	0.4%	4千人	0.3%	11千人	0.9%

②高等学校等卒業後の進路（平成 24 年度末に高等学校等を卒業した児童のうち、平成 25 年 5 月 1 日現在の進路）

	進学				就職		その他	
	大学等		専修学校等					
児童養護施設児 1,626人	200人	12.3%	167人	10.3%	1,135人	69.8%	124人	7.6%
うち在籍児 263人	52人	19.8%	36人	13.7%	132人	50.2%	43人	16.3%
うち退所児 1,363人	148人	10.9%	131人	9.6%	1,003人	73.6%	81人	5.9%
(参考)全高卒者 1,088千人	579千人	53.2%	258千人	23.7%	184千人	16.9%	68千人	6.3%

③措置延長の状況（予定を含む）

4 月 1 日から 6 か月未満	20 歳に到達するまで	その他
113 人	80 人	70 人

資料：児童養護施設児は家庭福祉課調べ（「社会的養護の現況に関する調査」）。全中卒者・全高卒者は学校基本調査（平成 25 年 5 月 1 日現在）。

＊「高校等」は、高等学校、中等教育学校後期課程、特別支援学校高等部、高等専門学校。

＊「大学等」は、大学、短期大学、高等専門学校高等課程。

＊「専修学校等」は、学校教育法に基づく専修学校及び各種学校、並びに職業能力開発促進法に基づく公共職業訓練施設。

きわめて限定された数字となっています。つまり中卒段階の学歴と年齢ではほとんど就業先は求人募集をしていないのが現状です。

このような就労環境を考えると、すでに高校卒業の学歴は社会的自立をしていくうえで、必要最低限の社会的資格となっています。

現在、児童養護施設児の高校進学率に関しては、ほぼ全国的な水準に近接しているといえます。しかし問題は、第一に高校進学率だけでなく、卒業率が実践的課題としてあるのです。高校中退をすれば、中卒の学歴・資格しかないことになります。第二に高校在学期間にどのような社会的自立能力とともに人生選択能力を形成していくのかが重要な実践的な課題となっています。第三として、全国の大学の進学率（過年度卒を含む）が五一・五％、大学・短大入学志願率は六〇・八％、専門学校進学率一六・七％、就職率一七・七％、そのほか五・八％（文部科学省「平成二七年度学校基本調査（確定値）」二〇一五年一二月二五日。トータルで一〇〇％にはならない）という高校卒業後の進路状況のなかで、児童養護施設児の大学進学保障の課題を正面に据えることが求められているのです。

いま児童養護施設の変革として社会的生活環境の改善と子どもたちの社会的自立能力をいかにはぐくんでいくのかが求められています。その最も大きな課題として、大学等の進学保障をいかに実現していくのかが問われているのです。

4　児童養護施設児童の大学等進学率の推移

すでにふれたように、一九七四年時点での児童養護施設の全日制高校進学率は一九・五％、就職進学を含めると四一・三％です。同じく七四年の全中卒者の高校進学率は九〇・八％であり、児童養護施設児と全中卒者の差は全日制高校進学率の約七〇％であり、就職進学を含めてみれば約五〇％の格差となっています。

ＮＰＯ法人ブリッジフォースマイル調査チーム（二〇一三年）の調査結果（過去一〇年間で大学、短期大学、専門学校等に進学した退所者のうち、施設が把握している六五四人について回答）によれば、「進学者の約三割が中退し、残りの七割しか卒業できていない」という実状があります。日本全体で見ると、大学における卒業までの中退率は八・一％を数えています（朝日新聞×河合塾共同調査「ひらく日本の大学」二〇一四年度調査）。ＯＥＣＤなどにおいても約一割を数えていますが、それらと比べても施設生活経験者の退学率はかなり高いのが実際です。

ブリッジフォースマイル調査チームによれば、中退理由については、「経済的理由」が最も多く、全体の二四・七％を占めています。「精神的不調・負担」と「身体的不調・負担」の合計が全体の約二割を占める現状があり、その他に「進路変更」、「アルバイトとの両立」、「学業不振・留年」、「学校の人間関係」などとなっています。「アルバイトとの両立」一五・六％と「経済的理由」を合わせると、経済的問題は四割を超えるのが現実です。

進学した施設経験者は、生活費や学費の面で家族からの経済的支援などは期待できないことがほとんどであり、本人のアルバイトによる現金収入および各種の奨学金制度に頼らざるを得ないのです。その結果、多くの労働生活に時間を費やさざるを得なくなり、学習面でさまざまな問題を抱えることが多くなっているのです。

さらに「経済的問題」は、在学期間が長い学生ほど労働生活に比重が大きくなる傾向は顕著となっています。短大又は二年制専門学校の退学理由が「経済的問題」であると考えられる学生は三割となっていますが、四年制大学または三年制専門学校の退学者について、退学理由が「経済的問題」であると考えられる学生は四割にのぼっており、在学期間が長くなるほど、経済負担が重くのしかかり、中退を余儀なくされる現実があるのです。

5　大学進学の意味と社会的養護の課題

1　東京都の児童養護施設等退所者の実状

東京都における調査で施設退所後に進学した学校を施設種別ごとにみると、児童養護施設では「専門学校」が三八・四％と最も多く、次いで「私立の四年制大学」（二四・九％）、「高校」（一七・五％）という順になっています。また、養育家庭（里親）では「私立の四年制大学」が三八・一％と最も多く、次いで、「専門学校」（二八・六％）、「短期大学」（一三・八％）が多いという状況です（「東京都における児童養護施設等退所者へのアンケート調査報告書」〔調査期間／平成二二年一二月から平成二三年一月、回答率三七・九％〕平成二三〔二〇一一〕年八月、東京都福祉保健局）。

本調査は、施設等退所者へのアンケート調査なので、大学や高校進学など退所した年齢がさまざまな状況を踏まえての調査です。私立の四年制大学への進学率は、施設で二五％、里親で約四割となっています。東京都は全国で最も児童養護施設児への大学支援制度が整備されている行政地域であり、その東京都でさえこれが現状です。

都道府県別に児童養護施設の大学進学率を比較すれば、相当な開きがあるといえます。全国どこの児童養護施設で進学時期を迎えたとしても、基本的な権利が保障されなければならないはずです。「子どもの将来がその生まれ育った環境によって左右されることのないよう、貧困の状況にある子どもが健やかに育成される環境を整備するとともに、教育の機会均等を図る」（子どもの貧困対策法第一条）ことが、「国等の責務」（同第一条）であり、児童養護施設においても問われている課題です。

2　大学の社会的責任のひとつとして

厚労省においても「児童養護施設から大学等に進学する児童等への配慮について」（児童養護施設等及び里親等の措置延長等について、厚生労働省雇用均等・児童家庭局長通知、平成二三〔二〇一一〕年一二月二八日）で、以下の通知を発しています。

「4　児童養護施設から大学等に進学する児童等への配慮について
児童養護施設から大学等へ進学する児童等について、生活が不安定で継続的な養育を必要とする場合には、満二〇歳に達するまでの間、法第三一条を適用し保護期間の延長をすることができる。しかし、児童の状況等により当該規定を適用しない場合や満二〇歳に達したことで措置を解除することとなった場合で、家庭復帰等が難しい場合には、その学業が終了するまでの間、引き続き児童養護施設から通学させることは差し支えない。この場合において、食費等については実費を徴収するなど適切に行うものとする」。

ただ現状では、十分にこの通知が活用されているとはいえません。一方、少なくない大学で奨学金制度やＡＯ入試などによる児童養護施設児への支援体制を拡充している動きがあります。それぞれの持ち場で何ができるのかを真摯に追究していくことが求められています。

大学側が児童養護施設の奨学金制度を検討する際に考えるべき課題を以下に列挙しておくことでまとめとします。

第一は、入学金等の補助、全額支給など、東京都、各県で独自の助成をしている現状があり、経済的支援は改善をされているといえますが、入学後の生活費の確保でつまずくことが少なくありません。生活費面での援助が必要不可欠の課題となっています。

第二に、大学生活をはじめて金銭管理に関するノウハウを具体的に援助していくことが必要な児童がいます。施設と大学で協力して、生活スキル面での援助・支援をしていくことも重要です。

第三として、あわせて入学後の単位取得を確実なものにしていくためには、入学前の特別講座や入学後の学習支援体制が必要な入学者も少なくないことを想定しておくべきです。

最も深刻な困難を抱えている子どもたちに光を当てる子どもの貧困対策が、私たちに問われているといえます。

引用・参考文献

・武藤素明編著『施設・里親から巣立った子どもたちの自立』福村出版、二〇一二年。
・厚生労働省「社会的養護の現状について（参考資料）」二〇一四年三月。
・認定ＮＰＯ法人ブリッジフォースマイル調査チーム「全国児童養護施設調査二〇一二——社会的自立に向けた支援に関する調査」二〇一三年四月。
・研究代表者・高橋亜美「児童養護施設等退所者のアフターケア支援の取り組み」二〇一〇年度、一般研究助成最終報告書。
・「東京都における児童養護施設等退所者へのアンケート調査報告書」［調査期間／平成二二年一二月から平成二三年一月、回答率三七・九％］平成二三（二〇一一）年八月、東京都福祉保健局。

参考資料

社会的養護児童・児童養護施設児を対象とした奨学金

左に掲げるのは、児童養護施設児を中心にした社会的養護児童を対象にした措置制度および民間の基金などによる奨学金・生活援助金などの制度です。これらの制度を最大限活用してどこまで大学等の進学支援をしていくのかが現場実践と運営で求められていますが、東京都以外の児童養護施設児への支援体制はきわめて不十分であるのが現状です。

つぎに児童養護施設などで生活している子どもたちへの奨学金制度を紹介しておくことにします。このような奨学金による支援制度があることは歴史的にみれば確実な前進ですが、このくらいしか児童養護施設からの大学等の進学支援のシステムはないということも現実です。各施設および大学等においてもこれらの奨学金制度を最大限活用して、進学支援をしていくことが求められています。

◉社会的養護児童・児童養護施設児を対象とした大学進学のための奨学金・助成制度（二〇一六年度）

Ⅰ　返済義務のない給付・助成制度（○：受給可能性が高い　△：受給可能性が低い・やや低い・不明）

就職支度費・大学進学等自立生活支度費（国による措置費による補助）○

［実施者］　各都道府県及び指定都市

［給付内容］　支度費八万一二六〇円　＊一人一回（二〇一六年度）、特別基準分（親の経済的援助が見込めない場合の加算）一九万四九三〇円、計二七万六一九〇円（二〇一六年度予算）、就職支度費同様、措置解除時に支度費および一時金として給付

［対象］「支度費」は、全国の児童養護施設、児童自立支援施設、情緒障害児短期治療施設、里親の措置解除後、大学等や各種学校に就学する者。「特別基準分」は上記に加え、保護者がいないか、いても適切な養育ができず、経済的援助が見込めない児童について、施設長、里親、児童相談所長の意見に基づき、各都道府県及び指定都市が要否を判断する

＊上記記載のほかに、地方自治体によって加算がある。

東京都＝五九万五八〇〇円、神奈川県＝七万九〇〇〇円＋二万八〇〇〇円、横浜市＝七万九〇〇〇円＋二万九四〇〇円、横須賀市＝七万九〇〇〇円＋二万八〇〇〇円、川崎市＝四一万六〇〇〇円など

［備考］　生活諸経費等に対する一時金的補助であり、基本的に他の奨学金受給を妨げる性質のものではない。進学と同時に就職した場合、「就職支度費」との併給が可能

大学等入学支度金（東京都による補助）　○

［実施者］　東京都
［助成内容］　大学進学支度金・各種学校等進学支度金（東京都による補助）
［給付内容］　大学・短大＝七〇万円、各種学校＝六〇万円（いずれも上限）
［対象］　児童養護施設及び養育家庭の東京都による措置児童で、措置解除後、大学等や各種学校で修学する者
［備考］　東京都の全措置児童に適用される。初年納入金が対象

雨宮児童福祉財団修学助成　○

［実施者］　財団法人雨宮児童福祉財団
［助成内容］　入学金実費分
［対象］　全国の児童福祉施設に入所している児童および里親のもとにいる児童で、高校卒業後進学を希望し、大学等や専門学校に合格した者のうち、他の機関から返済義務のない入学金の助成を受けていない者

ＪＸ児童養護施設・母子生活支援施設・里親家庭奨学助成　○

［実施者］　社会福祉法人全国社会福祉協議会
［助成内容］　新入学時に一〇万円を助成。他の奨学金との併給可
［対象］　全国の児童養護施設及び母子生活支援施設を退所し、高校卒業後、大学などや専門学校等に進学を予定している者

西脇基金　○

［実施者］　社会福祉法人東京都社会福祉協議会
［助成内容］　在学中に学校へ納入する学費の援助金として、月額二万円を助成
［対象］　東京都から委託を受けている児童養護施設、里親、児童自立支援施設および東京都自立援助ホーム実施要項による自立援助ホームのうち、毎年度友愛基金の会費を納めている会員に対し、児童が大学等に進学した際の補助を行う

朝日新聞　児童養護施設・里親家庭の高校生進学応援金　△

［実施者］　朝日新聞厚生文化事業団
［助成内容］　四年制大学や短期大学、専門学校の入学金や新生活への支度金として、一人一〇〇万円を限度に助成。
［対象］　児童養護施設や里親家庭に生活し、進学を希望する高校三年生（高卒認定合格見込み者含む）。東京都は対象外
［募集人員］　二〇人程度
［応募方法］　所定の申込書（①本人申込書、②施設長・里親申込書）を当事業団に請求し、必要事項を記入のうえ、作文（四〇〇字×二枚程度、題名は『君自身への応援メッセージ』）を添えて、郵送で申し込み
［お申し込み・お問い合わせ］　朝日新聞厚生文化事業団「進学応援金」係

資生堂児童福祉奨学金　△

［実施者］　財団法人資生堂社会福祉事業団
［助成内容］　学費等の補助として年額五〇万円を支給
［対象］　将来、児童福祉分野で働くことを希望として大学、短期大学、専門学校へ入学する高校三年生を対象に児童福祉奨学生として支援。進学後二年間、あるいは四年間の授業料の一部として年間五〇万円の奨学金を支給。返済は不要
［備考］　作文（二〇一五年度のテーマ、①私の高校生活、②将来の夢）を中心とした書類による一次審査、面接による二次審査がある。募集人数は五名程度。対象の学部等は、社会福祉士受験資格を取得できる学部、児童指導員資格を取得できる学部、厚生労働大臣の認可を受けた保育士資格を取得できる学部・養成校
［応募方法］　申し込み・問い合わせ先「資生堂社会福祉事業財団奨学金係」

日本アムウェイ「One by One こども基金奨学金」　△

［実施者］　日本アムウェイ合同会社
［助成内容］　社会貢献活動「One by One こども基金」の一環として、児童養護施設の子どもを対象に、大学入学後

の修学に必要な経済的支援を目的とした奨学金制度「One by One こども基金奨学金」を創設し、奨学金給付事業を開始。同奨学金は、新大学一生五、六名に対して、年額五〇万円、最大四年間の奨学金給付を予定している
[応募資格]　児童養護施設に在籍し、大学・短期大学・専門学校への進学が決定（または予定）している高校三年生
[募集人数]　五、六名程度（選考段階で人数が変更する場合がある）
[給付内容]　年額五〇万円を学校卒業まで給付。給付期間は進学した学校の卒業までの最短の在学期間とする（最大四年）。他の奨学金と併せて受けることができる
[応募書類]　申請書（各児童養護施設に配布）、作文（四〇〇字程度、テーマ「将来の夢」）＊様式は問わず、施設長からの推薦文（四〇〇字程度）＊様式は問わず、成績表のコピー（学校の出席・部活動の取り組み状況についても審査の参考）

大学等進学者への奨学金プログラムカナエール　△

[実施者]　NPO法人ブリッジフォースマイル
[助成内容]　スピーチコンテストを通して意欲を育み、卒業までの資金を支援。奨学金一人あたり、一時金三〇万円と、卒業まで月々三万円の給付
[対象者]　児童養護施設退所後に大学などへの進学を希望している、または進学して卒業までに一年以上在籍期間がある若者

楽天未来のつばさ自立奨学支援資金（全国）　△

[実施者]　公益財団法人楽天未来のつばさ
[助成内容]　進学・就職共に支度金として一律一五万円を支給
[対象]　児童養護施設、里親、母子生活支援施設その他の児童福祉施設の入所児童で大学等に合格した者及び就職する者

メイスン財団奨学制度（全国）△
［実施者］　財団法人東京メソニック協会
［助成内容］　現に在学している学校の授業料について、卒業するまで年額五〇万円を限度に助成。ただし、退学、休学、留年の際は補助を打ち切る。災害や傷病による休学・留年の場合は考慮する。
［対象］　全国の児童養護施設を退所し（措置延長者含む）、高校卒業後、大学等や専門学校に進学する向上心旺盛で、特に経済的援助を必要とする者より毎年選考をする。ただし、他の機関から授業料の助成を現に受けている者、及び授業料免除の者（特待生等）は除く。（授業料以外の助成との併給は可。例、雨宮児童福祉財団の入学助成、独立行政法人日本学生支援機構の奨学金など）
［備考］　読売光と愛・郡司ひさゑ基金奨学制度等との併給は不可。補助額が大きいが、毎年、新規の助成予定人数は三名程度

産経新聞明日への旅立ち基金（東北・関東・信州等）△
［実施者］　産経新聞厚生文化事業団
［助成内容］　在学期間中の毎年五〇万円
［対象］　東日本地域の児童養護施設に入所中で、大学・短期大学・専門学校等に進学を予定している者

アトム基金進級応援助成制度（全国）△
［実施者］　全国児童養護施設協議会
［助成内容］　進級時に三万円を助成
［対象］　次の①～③のすべてを満たす者。①児童養護施設に入所していた児童で、高等学校卒業後、大学・短期大学・専門学校等に進学し、その後、当該進学先の2年次目以上に進級した（する）者（措置継続により入所中の者も対象）、②過去にアトム基金進級応援助成を受けていない者、③入所していた児童養護施設と連絡をとることが可能な者で、児童養護施設を通して助成金を受け取ることが可能な者

施設や里親家庭で暮らしている若者への入学支援金（全国） △

［実施者］　日本子ども虐待防止学会（JaSPCAN）
［助成内容］　入学時に収める費用の上限五〇万円まで助成
［対象］　全国の児童養護施設等の施設や里親家庭で生活していて、大学、短期大学、専門学校等への進学を希望する高校三年生。原則として他の財団・企業・自治体などからの「入学に当たっての助成金」の利用が決定していない者が対象。なお、入学金免除の方や、入学金がない学校へ入学する者は対象外

タイガーマスク基金（全国） △

［実施者］　ＮＰＯ法人ファザーリングジャパン
［助成内容］　初年度一二万円、次年度以降、進級時に毎年六万円。（四年間で三〇万円、医歯薬・獣医学部等の六年制大学は四二万円）
［対象］　児童養護施設や自立援助ホームなどの児童福祉施設を退所し、四月から大学進学が決定し、退所後も在籍していた施設を通じ、連絡を取ることが可能な児童（最大五〇名）

Ⅱ　貸付制度（返済義務あり）

自立生活スタート支援事業（東京）

［実施者］　東京都社会福祉協議会
［貸付内容］　就学支度資金限度額五〇万円（一年次および二年次の納入金として必要な経費）
［対象］　東京都の児童養護施設、自立支援施設、自立援助ホーム、養育家庭のいずれかを退所予定、または退所してから五年以内で、施設等から連絡が取れる者
［備考］　返済の免除について就学支度資金を借りて進学した学校を卒業すると、免除申請ができる。ただし、卒業できなかった場合は返済の必要がある（無利息、返済期間は七年）

生活福祉資金（全国／記載内容は東京都）

［実施者］　各社会福祉協議会
［貸付内容］　修学支度費／貸付限度額五〇万円、入学時のみ。入学時に必要な経費を限度額の範囲で貸付。未払いの経費のみが対象。修学費＝貸付限度月額九万円（短大・専門学校）、九万七五〇〇円（四年生大学）。在学期間中、同額での適用。未払いの期間のみを貸付の対象とする。＊何れも無利息で返済期間は一四年
［対象］　全国の児童養護施設および母子生活支援施設を退所し、高校卒業後、大学や専門学校等に進学を予定している者
［備考］　連帯借受人（一名）が必要。日本学生支援機構第一種奨学金との併用は不可

日本学生支援機構奨学金（全国）

［実施者］　独立行政法人日本学生支援機構
［貸付内容］　第一種奨学金（無利息）、月額四万五〇〇〇円〜六万四〇〇〇円、返済期間限度一〇〜一四年。それぞれ進学する学校種別、自宅通学か否かで異なる。第二種奨学金（利息付）月額三万円〜一〇万円（選択）。利息は年利三％を上限に変動（在学中は無利息）。以上は大学等や専門学校等の学費に対する貸付。この他、大学院、高専等についても規定有り。入学時特別増額貸与奨学金として、希望により第一学年の初回基本月額に三〇万円を増額して貸与（利息付）
［対象］　第一種奨学金＝高校二、三の評定が、大学・短大は三・五以上、専修（専門）は三・二以上。世帯収入上限あり。第二種奨学金＝次の何れかに該当する者、①高等学校等における成績が平均水準以上の者、②特定の分野において、特に優れた資質能力があると認められる者、③学修に意欲があり、学業を確実に修了できる見込みがあると認められる者
［備考］　入学前の予約申し込みは進学する前年に在学する学校、入学後の申し込みは入学した学校の奨学金窓口に申し出る。機関保証制度がある（毎月の奨学金から保証料を支払うことで、連帯保証人や保証人に代わって保証機関の保証が受けられる）。生活福祉資金（修学資金・無利子）との併用は不可

児童養護施設退所者等に対する自立支援資金貸付事業（平成二八年度版）

［実施者］　国及び各都道府県の補助を受けて、各都道府県の福祉協議会（以下東京都社会福祉協議会）が実施する公的な貸付制度

［助成内容］　児童養護施設等に入所中、または里親等へ委託中、及び児童養護施設等を退所、または里親等への委託が解除された方に対して、自立支援資金を貸付け、児童養護施設退所者等の円滑な自立を支援することを目的に、児童養護施設等と連携して必要な資金の貸付け

［給付内容及び対象］　①生活支援費（大学等に在学する期間月額五万円以内）、②家賃支援費（進学者のほか、児童養護施設等を退所した方、または里親等の委託を解除された方のうち、保護者等からの経済的な支援が見込まれない方で、就職している方（以下「就職者」）。進学者は、大学等に在学する期間。就職者は、退所または委託解除後二年を限度として就労している期間一か月の家賃相当額（管理費及び共益費を含む））、③資格取得支援費（児童養護施設等に入所中、または里親等に委託中の方で、就職に必要となる資格の取得を希望する方）

［対象］　児童養護施設等に入所中、または里親等へ委託中、及び児童養護施設等を退所、または里親等への委託が解除された方

［備考］　貸付利率（貸付利子は、無利子）。貸付後、貸付資金ごとに一定期間の就業継続をした場合には、申請によって返済を免除。借り入れにあたっては、「児童養護施設等の長・里親等の意見書」が必要。連帯保証人は、原則必要

Ⅲ　児童養護施設生活経験者のための奨学助成実施大学等

［実施者］　日本社会事業大学・白梅学園大学・白梅学園短期大学・愛知東邦大学・和泉短期大学・埼玉純真短期大学・昭和女子大学・中部学院大学・中部学院大学短期大学部・慈恵福祉保育専門学校・豊橋創造大学短期大学部・新島学園短期大学・日本福祉大学・北陸学院大学・ルーテル学院大学・東京家政学院大学・立教大学コミュニティ福祉学部等

＊各大学等のホームページを参照のこと。

4章　子どもの貧困と性教育の可能性

1　本気度が問われている

子どもの貧困問題に関して、提起したいキーワードは、「本気」と「勇気」、そして「ふやすな！子どもの貧困」です。いま「子どもの貧困」は時代と子どもの現実に対して、私たち一人ひとりの誠実さと研究的姿勢が求められている課題となっています。

子どもの貧困は地域や学校現場のなかで〝見える現実〟となってきましたが、同時に見ようと思わなければ見えない現実も多くあります。子どもの貧困は、わかろうと努力しなければ理解できない現実としてあるのです。子どもの貧困は、性教育分野においても実践者の子どもと家族への視線が問われる課題となっています。

全国の教員や子どもと関わる専門家の方々の献身的な努力には、本当に頭が下がります。朝食を食べてこない子どもに、自宅からおにぎりをもってきて食べさせている担任や養護教諭、学用品代を立て替えざるを得ないので対応している先生（けっして推奨できることではありませんが、子どもたちが授業に参加するうえで止むに止まれぬ選択となっています）、お米を供出しあって貧困世帯の子どもたちに渡している教職員集団、家での子どもの状態を心配して家庭訪問で親に声かけを続けている教員、さらにこども食堂や学習支援塾、フードバンクのとりくみなど、多くの専門家とともに市民のとりくみが広がっていいます。

Ⅰ部4章で詳述したように、子どもの貧困対策法では、「（国民の責務）第五条　国民は、国又は地方公共団体が実施する子どもの貧困対策に協力するよう努めなければならない」と規定されていますが、民間団体・市民のとりくみをみると、国・地方公共団体の責務として「国又は地方公共団体は、地域住民が実施する子どもの貧困対策に真摯に協力し支援しなければならない」という文言にすべきではないでしょうか。「（法制上の措置等）第六条　政府は、この法律の目的を達成するため、必要な法制上又は財政上の措置その他の措置を講じなければならない」という責務こそ本気で果たしてもらいたいものです。しかし国のこの問題に対する本気度は、「法制上又は財政上の措置」をみても貧弱といわざるを得ません。

内閣府によると、二〇一六年一一月二七日現在、「子供の未来応援基金」に寄せられた寄付（個人と法人を合わせ）は二五一〇件で、総額は約七億一一〇〇万円となっています。そのうちの半分以上の四億円は、埼玉県の一組の夫婦による個人寄付でした（『東京新聞』二〇一六年一二月一八日）。

ほかにも今国会で成立した「休眠預金活用法」があります。一〇年以上出し入れがない銀行口座に眠っている預金が約一〇〇〇億円あり、その約半分は活用できると期待して制定された法律です。「子供の未来応援基金」に対する助成の申請は、こども食堂や学習支援などに取り組む全国の五三五団体から、総額約一八億四〇〇〇万円が集約されたが、実際に本年度の助成を受けられるのは八六団体（総額三億一五〇〇万円）で、申請総数の六分の一しか助成対象とされなかったのです。こうした民間頼みの政府の姿勢では、子どもの未来を真に応援できないことは明らかです。

わが国における子どもの貧困対策は飛躍的な発展を遂げなければならないし、性教育の可能性が試される課題として捉えてみたいのです。そのためには「子どもの貧困」とは何かを真摯に学び、立ち向かうことが私たちに求められているのです。

2　子どもの貧困の定義

Ⅰ部3章で述べたように、グローバル経済においては、雇用主が求める技能を持たない労働者の家庭はたやすく貧困に陥ってしまいます（ＯＥＣＤ編著『ＯＥＣＤ保育白書』明石書店、二〇一一年、四〇～四一頁）。子どもの貧困とは「家庭内での公平な資源配分を前提に、家族の人数と構成を考慮したうえで、子どもにかけられる所得がその社会で成長する子どもにかけられる所得中央値の半分以下である」生活実態にあると定義されています（同前）。所得中央値とは、日本の国民総数を一〇〇人とした場合、その五一番目（真ん中）の人が受けている所得水準のことで、統計的にはその人が〝普通〟の所得配分を受けているということになります。その〝普通〟の人の水準の五〇％以下の人を「相対的貧困率」とし、貧困世帯内の子どもの場合は「子どもの貧困率」に数えます。

生活実態からみますと、子どもの貧困とは、第一に発達の土台である衣食住などの基礎的生活保障されず不安定な暮らしのなかにいる子どもの問題です。第二に子ども期においては、とくに教育・進学の権利が保障されないままにある子どもたちの実態でもあります。さらに第三として人生を歩みはじめる子ども期において、希望とライフチャンスを奪われている子どもたちの実態のことです。今日の状況は子どもの貧困の存在を確認するだけでなく、解決への道筋をつけていくことが、子どもの権利条約の締約国である日本政府と私たちおとなに問われているのです。

子どもの貧困を決定する要因は、「親の不完全就業、所得の不平等、不十分な所得移転、また場合によっては、手ごろな料金のチャイルドケアが見込めないこと」など（前掲書、四一頁）数多くあるのが実際です。「親の不完全就業」とは、失業や低賃金で社会保障のないパートタイム就業などが含まれ、その大半を女性が占めているのが実状です。シングルマザー・母子世帯が骨格となっているひとり親世帯の貧困率（二〇一二年）は五四・六％にのぼっているのです。

厚生労働省の調査によれば、一九八五年に一〇・九％だった子どもの貧困率は年々増え、二〇一二年には一六・三％にまで増加しました（表Ⅰ-1-1、一九頁）。さらに、一人当たりの可処分所得の中央値（データを小さい順、または大きい順から並べたときに、ちょうど真ん中に位置するもの値）自体も一九九七年の二九七万円をピークに徐々に下がり、二〇一二年には二四四万円にまで低下しました。それにともなって貧困線は一九九七年には一四九万円だったのが、一二二万円にまで低下しています。貧困線が低下すると一般的には貧困率が低下することになりますが、反対に貧困率が増加しているのですから、深刻度は増しているというのが実態です。

教育現場でまず受け止めなければならないことは、貧困実態にある子どもたちには教育権の土台そのものが侵食されているという現実です。その点に着目することなしに、私たちの本気は形成されないのではないでしょうか。

3　子どもの貧困と人格形成

子ども期からさらに貧困は悪化し、年齢とともによりさまざまな問題を抱え込み、下降していく状況から抜け出しにくくなるしくみがあります。

子どもの貧困を分析した用語ではありませんが、「降格する貧困」という概念を参考にして考えてみますと、「『貧困層』と呼ばれる人々の数がますます増加し、その多くが生産領域の外へと追いやられる社会的布置関係をあらわしている。それによって、かれらの困難が増加し、社会福祉サービスにたいする依存状態が高まるおそれがある」ことです（セルジュ・ポーガム『貧困の基本形態』前掲、二八八頁）。「転落としての貧困」が社会的ハンディキャップの蓄積するプロセスを引き起こしており、失業には経済的貧困と社会的孤立をともなうリスクが付きまとっているのです（同前、二八九頁）。そうした貧困の実態が「ネガティブなアイデンティティの形成」（同前、二四二頁）へとつながっており、自己イメージの貧困が自らの価値の低下サイクルをつくることになっています。そうした傾向と特徴を強固にしながら、貧困の再生産をしていくことになっています。

アイデンティティ（identity）とは「自我同一性」と発達心理学などでは訳されていますが、「自己の存在証明（確認）」、より平易な表現をすれば「自分らしさ」ということができます。その意味で「ネガティブなアイデンティティ」とは、自らの存在を肯定的に受け入れることができていない状況で、自信をもって生きていくちからが弱い状態です。ただ人生の歩みのなかではポジティブな方向とネガティブな方向への自己認識は拮抗しているのが実際で、とくに思春期・青年期ではそうした状況にあります。アイデンティティは拡散と確立という二分法で認識されるのではなく、その形成と作り直しのプロセスのなかにあるといえます。

子どもの貧困に引きつけて考えてみますと、図Ⅱ-1-1（一二九頁）にあるように、貧困の再生産サイクルがあり、「降格する貧困」の視点からいえば、らせん状の下降線をたどっていくプロセスと構造があるのです。それは「子ども期の階層化＝落層化（貧困層に下降し流入していくプロセス）」として現われます。つまり子ども期から学習と進学機会の縮小、大学等の教育保障の剥奪、それは就職機会の不利と低賃金・低労働条件への固定化、子育て期においては低所得・貧困世帯へと連動しているのです。「社会的降格」の構造とプロセスは、子ども期から「転落する貧困」の実相を表現した用語です。子ども期における「社会的降格」の体験は被支配的な立場におかれた暮らしのなかで挫折感、排除感、見捨てられ感などの集合的アイデンティティとして形成されていくのです。

こうした子ども期の貧困の生活的体験が「ネガティブなアイデンティティの形成」につながってくることになりやすいのです。その内実は自らの価値を下げるような行動をともなって表現されることも少なくありません。同時にネガティブなアイデンティティは共通基盤である学校文化に帰属意識を持ちにくく、子ども社会の人間関係から遊離しやすくなり、それだけにネガティブさを共有するグループに包摂される可能性が大きいのです。

4　子どもの貧困に抗う性教育の可能性

では子どもの貧困の現実を前にして、性教育の可能性とは何かを、図Ⅱ－４－１を参考に考えてみます。

子どもの貧困の特徴は、まず出発点に「経済的貧困」があります。性教育実践だけでは「経済的貧困」に抗することは難しい現実があります。ただ教職員からの保護者に生活保護や就学援助制度や子育て支援制度などの紹介と利用することへのアドバイスは十分できます。

次に「貧困の文化」への抵抗力が性教育に問われていることにも自覚的でありたいと思います。

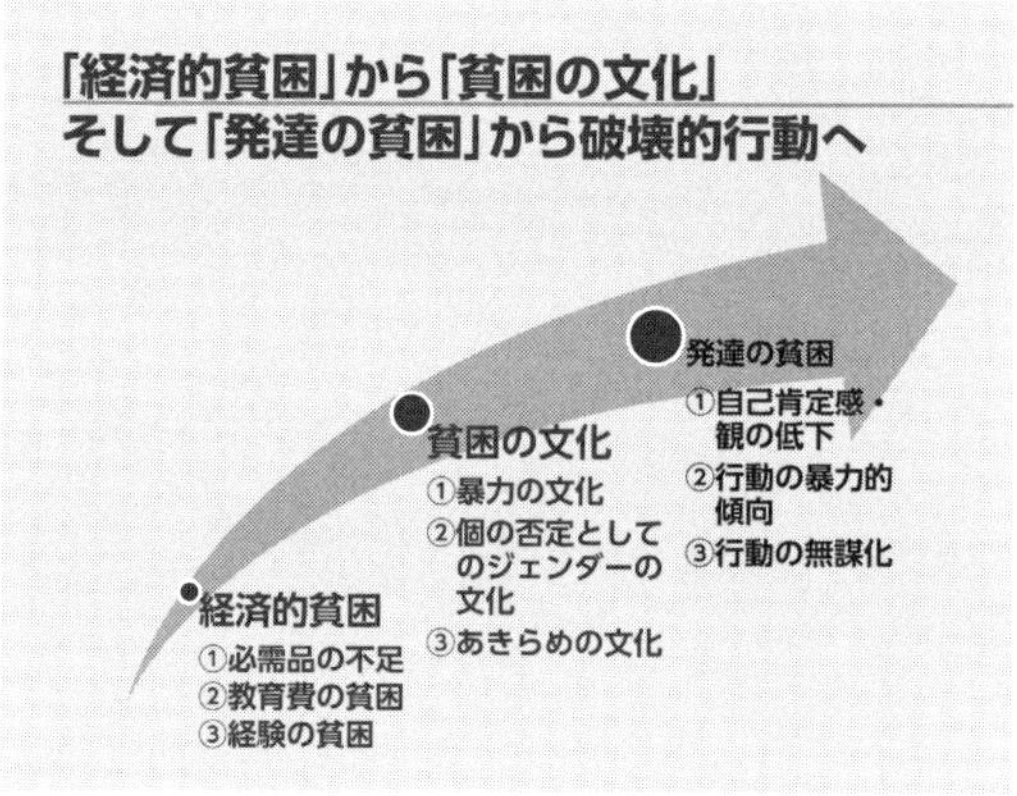

図Ⅱ-4-1　子どもの貧困と発達への影響

「貧困の文化」の柱は、①暴力の文化、②多様性と個の否定としてのジェンダーの文化、③あきらめの文化です。

性教育は、①に関わって、性暴力をめぐるテーマへのアプローチを通して、「暴力・支配の文化」から「共生・平和の文化」への転換を図ることが可能な実践です。②に対してはまさに性の多様性の学びを通して、人権の認識と感覚をはぐくんでいくことが求められています。「国際セクシュアリティ教育ガイダンス」では、「多様性はセクシュアリティの基本」であることを強調し、セクシュアリティの骨格に息づくのは多様性の理念と実際であるとしています。多様性の理解と体得は、支えあう関係と共生社会づくりの土台となるものです。③のあきらめの文化に抗して、大事なことはまず自分自身を変えることができる実感と自己変革の課題を見出していくことです。セクシュアルマイノリティに関する考え方や性行動に関するコントロールなど、自分ができることを確認することの積み重ねが、あきらめの文化を打ち破っていく可能性があるのです。

子どもの貧困に対して、性教育は万能ではありません。でも希望に満ちた子どもたちへの働きかけであることは事実です。性教育で自らを大切にする学びをはぐくみ、希望を語りかけ、授業実践を通して自信をつけ、自らの再発見につなげていくことに挑みたいものです。

子どもの貧困は「発達の貧困」に連動していくことにもなりやすいのです。とくに自己肯定感・観の低下・未形成という問題状況があります。自らの弱さや未成熟な部分も含めて、丸ごとの自分に価値を見出し好きになることなのです。人間への信頼感があるということは、どこかで個々の人間や人間総体とつながっているという感覚なのではないでしょうか。そうした人間の再発見への営みが性教育にはあることを確認し、具体的な実践へと昇華させていきたいものです。

5　国際セクシュアリティ教育ガイダンスを活かして

わが国におけるこれからの性教育をすすめるための文書として、「国際セクシュアリティ教育ガイダンス」(International Technical Guidance on Sexuality Education An evidence-informed approach for schools, teachers and health educators)(以下、「ガイダンス」)を紹介しておきます。これまでの世界のとりくみと英知を結集してまとめられた性教育の基本課題と具体的な実践方向を明示した手引き書であり、その内容は世界の性教育をすすめていく上でのスタンダード(標準＝判断のよりどころや行動の目安となるもの)として位置づけられるものです。ここでは性教育をセクシュアリティ教育(Sexuality Education)と表現にしています。

この「ガイダンス」は、国連教育科学文化機関・ユネスコ(UNESCO)、国連合同エイズ計画

（UNAIDS）、国連人口基金（UNFPA）、世界保健機関（WHO）、国連児童基金・ユニセフ（UNICEF）が協同し、セクシュアリティ教育に関わる世界の国々の専門家の研究と実践を踏まえて、二〇〇九年一二月に発表されたものです。

セクシュアリティ教育の先進諸国における基本方向は、①子どもの性的発達と知的要求や疑問に即して、②それぞれの社会の性情報の量と質、社会環境の実際を踏まえて、③子どもの性的自己決定能力をはぐくむことと性的人権を保障するとりくみとして、④研究的実践と実践的研究を通して、自由闊達な実践を創造していくことをめざしており、そのためには、⑤国・自治体・教育行政は現場の実践がやりやすいようにバックアップしていくという役割を果たし、さらに⑥実践の内容を検証し創造していくことに、教師だけでなく保護者や子ども自身も参加していくシステムを大事にしていることなどをあげることができます。

セクシュアリティの骨格に息づくのは多様性の理念と実際です。「多様性はセクシュアリティの基本」であることを「ガイダンス」は強調をしているところです。また「ほとんどの若者が性的生活を送るための適切な準備をすることができていない」ことを指摘しており、子ども・若者たちは、性的虐待や性的搾取（性売買）、予期しない妊娠、ＨＩＶ（ヒト免疫不全ウイルス）を含む性感染症などに冒されやすく、セクシュアリティやジェンダーの混乱したメッセージに晒されているのが実際です。そうした若者の危機的状況を踏まえて、「ガイダンス」が発信されているのです。

子ども・若者の貧困に抗して、性的な自立をはぐくむうえでも性の学習権保障は今日的課題となっています。「ガイダンス」は、まず「人間関係」という具体的な生活レベルの身近な性に関わる問題から出発しており、そこから性・セクシュアリティに焦点を当てていきながら、「性的行動」「性・生殖の健康」へと具体的に展開されていく構造になっています。基本的構想（Key Concept）は、①人間関係、②価値観・態度・スキル、③文化・社会・人権、④人間の発達、⑤性的行動、⑥性と生殖の健康となっており、年齢区分（Age Range）は、レベル一（五歳〜八歳）、レベル二（九歳〜一二歳）、レベル三（一二歳〜一五歳）、レベル四（一五歳〜一八歳＋）としています。年齢別の課題を明示しており、わが国でも参考とされる必要があります。

セクシュアリティ教育の目的の第一は、「子どもや若者が性的・社会的関係について責任ある選択ができる知識・スキル・価値観を見につける」ことであげられています。そのためには以下のような「いくつかの補強しあう目的」を持っていることが提起されています。子ども・若者の貧困が性行動の貧困につながりやすいことを踏まえて、性教育実践としての発展を構想していくことが求められているのです。

◉知識と理解を増進すること
◉感情、価値観や態度について説明し明らかにすること
◉スキルを発達させ強化すること
◉リスクを小さくするための行動を促進し、それを継続させること

それらを踏まえて、「ガイダンス」の目的を次のように提示しています。

◉性と生殖の健康問題に対する理解や関心を喚起することによって、セクシュアリティ教育の必要性に対する理解を高めること
◉セクシュアリティ教育の内容構成とその目的、成果の可能性についての理解を促進すること
◉学校と地域レベルで、セクシュアリティ教育のための支援を組織する方法についてのガイダンスを教育機関に提供すること
◉教師の養成システムを構築し、質のよいセクシュアリティ教育を提供するための制度的機能を高めること
◉それぞれの文化と発達段階に即したセクシュアリティ教育のプログラムと教材開発の方法についてのガイダンスを提供すること
などが掲げられているのです。

子どもの貧困に教育実践を通して大いにアプローチし、性教育の可能性を最大限追究するうえでも「ガイダンス」を参考に、子ども・若者の未来について私たちが語ることが必要ではないでしょうか。浅井他監訳で『国際セクシュアリティ教育ガイダンス』（明石書店）を出版いたしますので参考にしていただければと願っております。

子どもの貧困に抗して働きかけることは、どの分野からでもできるのです。性教育を通して大いに語りかけていきたいものです。

6　研究を社会運動につなげて

ユニセフ・イノチェンティ研究所の「先進国における子どもの幸せ――生活と福祉の総合的評価」（二〇〇七年）の扉裏で、「国の姿勢を示す本物の目安とは、その国が子どもたちに対して、どれほどの関心を払っているかである」（国立教育政策研究所国際研究・協力部訳）という視点を提起しています。

子どもの貧困が増え続けるのは、経済・労働政策の結果であり、社会保障と税の控除を軸とした所得の再分配政策が機能していない問題であり、究極的には政治が国民や子どもたちに関心を持っていないという問題です。そうした観点からいえば、子どもの貧困への向かい方には、必然的にソーシャルアクションが求められます。社会が生み出した問題であれば、社会のちからで問題解決をしていくことが求められているのです。社会変革への志向は研究する者の社会的責任でもあるのです。

第一は、法律・制度に関する課題で、子どもの貧困対策法の改定、「大綱」の練り直し作業、子どもの貧困対策条例の制定などをあげておきます。地方から調査の実施と対策の具体化を推進するために、各自治体で「子どもの貧困対策条例」策定の運動を組織していく課題があります。子どもの貧困対策条例の制定運動は、市町村における子どもの貧困問題へのとりくみを発展させていくうえで不可欠の課題です。子どもの貧困対策オールジャパンの結成を具体化するうえでも、子どもの貧困対策の新たな段階を切り拓くために、条例策定への挑戦を各自治体ですすめていくことが求められています。

　第二に、国家予算対策の編成上の着眼点と配分の改革が必要です。国民の税金をどこに使うのかが問われており、究極の表現をすれば、二〇一六年一二月一三日に沖縄での墜落事故を起こした「危険な機体」であるオスプレイを一機諸経費込みで二一一億円も出して一七機も買うのか、一六・三％（一八歳未満の子ども約三〇〇万人）を対象とした子どもの貧困対策に投入するのかが問われているのです。民間頼みの施策ではなく、国・自治体の公的責任を税金による原資から対策に充てていくことが問われています。同時に民間・市民レベルでできることをやりつつ、実践を通して必要な財政支援を国・自治体に求めていくことが必要になっています。

　第三として、文部科学省は「学校をプラットフォームとした総合的な子供の貧困対策の推進」を謳っていますが、その中身は、スクールソーシャルワーカーの配置増（補助率三分の一）、地域未来塾による学習支援の充実（補助率三分の一）などとなっています。このスローガン自体は重要な内容であるのですが、学校改革の課題が何も明らかにされないなかで、学校がプラットフォーム（足場、土台、連結点）になることは困難です。

　国際調査「国際教員指導環境調査」（TALIS、二〇一三年）の結果で、教員の一週間の勤務時間は加盟国三四か国の平均の三八・三時間に対し、日本は五三・九時間で最長となっていました。とくに部活などの授業外の課外活動と事務作業に費やす時間が多くなっているのが特徴です。子どもの貧困解決のための土台としての機能を学校が持つためには、教職員の受け持ち人数の改善を含んだ労働環境への大幅な改善が求められています。週四〇時間労働制を基本的な働き方とする必要があります。

第四として、子どもの貧困解決のためのロードマップの作成が求められています。それは国だけではなく、自治体レベルでも解決のための具体化が問われているのです。子どもを見捨てない国、子どもを大切にする国への転換が問われる大きなテーマが子どもの貧困となっているのです。

子どもの貧困解決への本気度を国・自治体に問うとともに、私たち自身が本気で取り組んでいかなければなりません。

参考文献

浅井春夫・中西新太郎他著『子どもの貧困解決のために』新日本出版社、二〇一六年。
浅井春夫他監訳『国際セクシュアリティ教育ガイダンス』明石書店、二〇一七年二月刊行予定。
浅井春夫「国際セクシュアリティ教育実践ガイダンスの紹介と考察」『保健の科学』第五八巻第六号、二〇一六年六月号。

5章 沖縄のいまと子どもの貧困へのとりくみ

1 翁長県知事の「子どもの貧困」への想い

1 心から連帯のエールを送ります！

「心は子どもの貧困にあるにもかかわらず、それに割ける時間は、残念ながら非常に限られています。でも、いま一番やりたいのは子どもの貧困対策なんです。これをやらずして、沖縄の将来の希望はありません」。

「一番大切なのは子の貧困対策、そして沖縄らしい優しい社会の構築、この思いでいろんな人たちとつながっていければ、将来の沖縄は必ず、子どもたちが雄飛していく、そういう地域ができるのではないか」とインタビューに答えています。(http://bylines.news.yahoo.co.jp/yuasamakoto/20160909-00061808/)

翁長沖縄県知事の子どもの貧困に関する発言と決意を心から信じたいと思います。また沖縄の子どもの貧困対策にとりくんでいる現場の人々や関係機関、行政の方々の本気の姿に励まされ続けています。基地問題とともに、子どもや住民のふくし（ふだんのくらしがしあわせであること）にこんなに真摯にとりくんでいる知事がおられることに、沖縄の可能性と希望を感じます。地方自治の本来の姿が沖縄にあるのではないでしょうか。

2　困難を超えてオール沖縄はすすむ

二〇一六年九月一六日、沖縄・辺野古の米軍新基地建設をめぐるいわゆる辺野古訴訟の判決が福岡高裁那覇支部から言い渡されました。国が翁長雄志沖縄県知事を訴えていた訴訟で、国側の主張を全面的に認め、翁長知事が辺野古埋め立ての承認取り消しの撤回に応じないのは違法だという判決内容でした。その判決文は、翁長知事ならずとも「あぜん」とする中身で、国の主張を追認しただけのものでした。

県は高裁判決を不服として一週間後、最高裁に上告しましたが、同年一二月二〇日、最高裁は上告を棄却し、県の敗訴が確定しました。

この訴訟は、前知事が承認した辺野古沖「埋め立て」について、新県知事が取り消すことは可能かどうかが争点となった法的手続き論に関する訴訟といえます。にもかかわらず判決は「海兵隊の航空基地を沖縄本島から移設すれば機動力、即応力が失われる」「県外に移転できないという国の判断は現在の世界、地域情勢から合理性があり、尊重すべき」といった政治的判断に踏み込み、「普天間飛行場の被害を除去するには本件埋め立てを行うしかない」とまで言い切っています。「(辺野古基地建設に) 反対する民意に沿わないとしても、基地負担軽減を求める民意に反するとは言えない」というのですから、司法の判断を逸脱しているといっても言い過ぎではないでしょう。

この判決について翁長知事が何度も口にしたように、「唖然 (あぜん)」というのが率直な心情です。唖然とは、思いがけない出来事に驚きあきれて声も出ないさまのことをいいます。

沖縄にとって基地問題と貧困問題は不可分の関係にありますし、運動の両輪と位置づけられるべき課題です。沖縄における子どもの貧困の特殊性を踏まえながら、解決のための展望を探ってみたいと思います。

2　沖縄の子どもの貧困の現状——「沖縄子ども調査」を通して

沖縄県では大阪に次いで二番目の子どもの貧困調査を「沖縄県教育委員会の協力のもと、沖縄県内の子ども及び子どもを育てる保護者の生活実態を把握することを目的として沖縄県からの業務委託を受け、一般社団法人沖縄県子ども総合研究所が実施した」ものです (「沖縄子ども調査調査結果概要版」平成二八 [二〇一六] 年三月二五日、二頁。以下、概要版の引用の場合は頁数のみを記す)。沖縄での調査は「大阪子ども調査」(二〇一四年二月/概要版 (http://gpsw.doshisha.ac.jp/osaka-children/osaka-children.pdf）を参考にした、わが国の自治体レベルでの本格的な子どもの貧困調査となりました。

調査対象者は、沖縄県内の公立小学校三二校の小学一年生の保護者、二三校の小学五年生の子ども及びその保護者、公立中学校一八校の中学二年生の子ども及びその保護者となっており、抽出数は、児童生徒の約一〇％となっています。回収状況は、小学一年生の保護者票の有効回答率六八％、小学五年生の子ども票の有効回答率七三％、同じく保護者票七三％、中学二年生の子ども票七七％、保護者票七四％、有効回答率計では子ども票七五％、保護者票七一％となっています。

本調査に関しては、「来年度（平成二八年度）中に、すべての項目について精査分析し、さらなる分析を含んだ最終報告を行う予定」となっており、ここで扱う集計結果と分析は「暫定版」となります。

1　子どもの貧困二九・九％の衝撃

所得階層（貧困層と非貧困層）の割合については、全体では貧困層二九・九％（保護者票／九三八）、非貧困層七〇・一％（二一九七票）となっています。小学一年生では貧困層は三〇・〇％、小学五年生三一・一％、中学二年生二八・七％という状況です。日本全体の子どもの貧困率（厚生労働省「平成二七［二〇一五］年国民生活基礎調査」）は一三・九％ですので、二・二五倍の数値となっています。さらに山形大学の戸室健作准教授の都道府県別調査では、三七・五％（全国一位）を

表Ⅱ－5－1　沖縄県の世帯類型・所得階層（貧困層・非貧困層）

		世帯類型				所得階層	
保護者票を基に算出		二親世帯	母子世帯	父子世帯	その他＋不明世帯	貧 困 層	非貧困層
小学1年生	1,207	1,058	113	14	22	320	748
		87.7%	9.4%	1.2%	1.8%	30.0%	70.0%
小学5年生	1,177	921	169	30	57	322	713
		78.2%	14.4%	2.5%	4.8%	31.1%	68.9%
中学2年生	1,168	948	163	30	27	296	736
		81.2%	14.0%	2.6%	2.3%	28.7%	71.3%
合　計	3,552	2,927	445	74	106	938	2,197
	100.0%	82.4%	12.5%	2.0%	3.0%	29.9%	70.1%

注：貧困ライン122万円。
出所：「沖縄子ども調査 調査結果概要版」平成28（2016）年3月、4頁。

数えています。その意味でいえば、沖縄は「子どもの最貧県」の状態にあるのです。

本調査では、児童手当など社会保障給付金を含んだ世帯全体の年間の可処分所得（いわゆる「手取り額」）を調査し、その額を基に世帯人数で調整した額（等価可処分所得）を算出し、中央値の半分の一二二万円未満の世帯を貧困層としています。一二二万円は、厚生労働省「平成二五年国民生活基礎調査」において推計された相対的貧困基準（いわゆる「貧困線」）のことです。

こうした現状にあるにもかかわらず、就学援助制度の利用については、小学一年生の保護者の一三・五％、小学五年生の一七・八％、中学二年生の一九・四％が利用しています。貧困層の割合は、約三〇％ですが、全体としてはその半数しか利用していないのが実際です。

図Ⅱ－5－1では、貧困層でみれば「あまりカバーできていない」「カバーできていない」が小学一年生で三三・六％、小学五年生で四一・二％、中学二年生で三六・

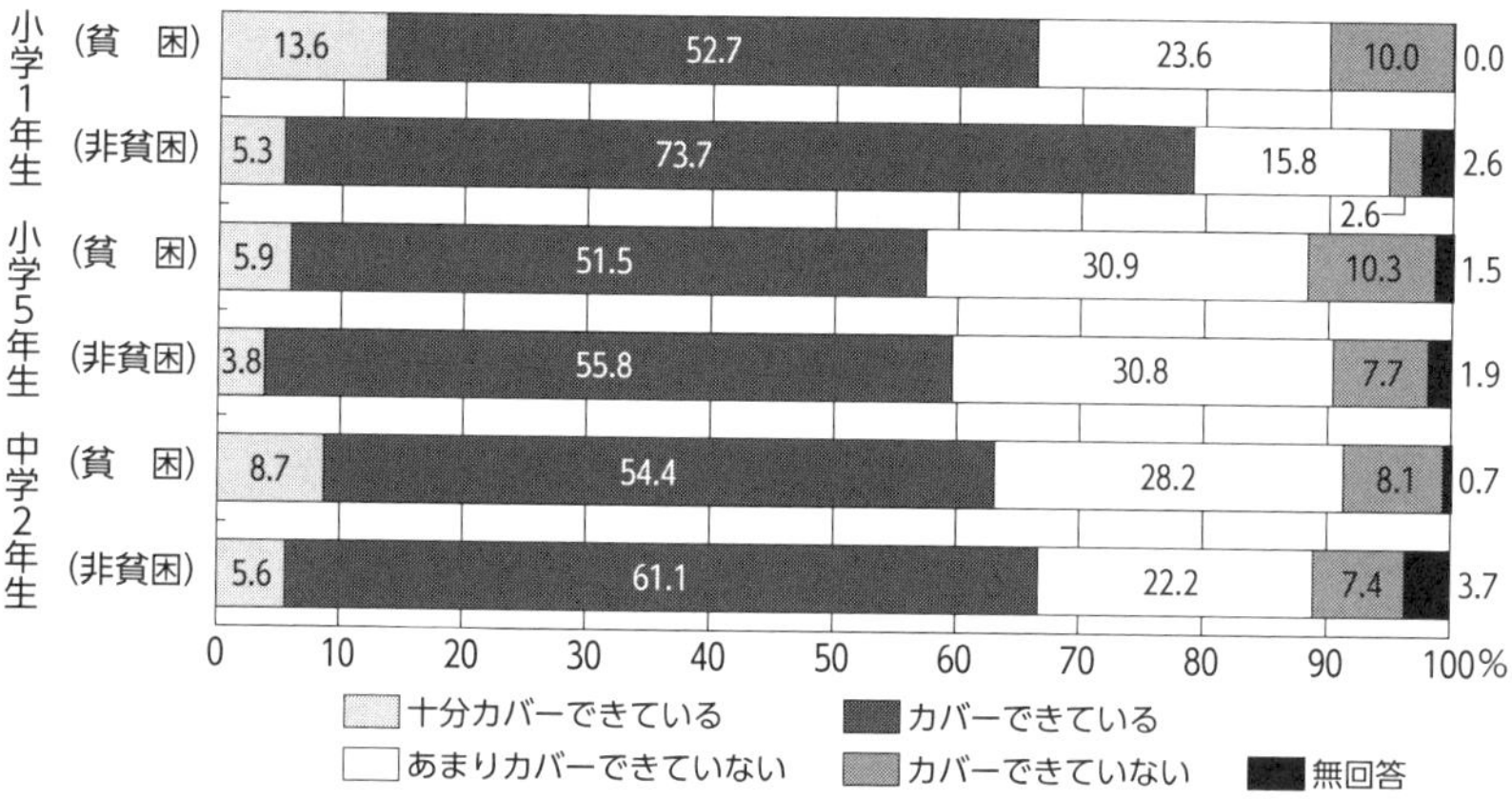

図Ⅱ－5－1　就学援助で必要な経費をカバーできているか（経済状況別）
出所：「沖縄子ども調査 調査結果概要版」31 頁。

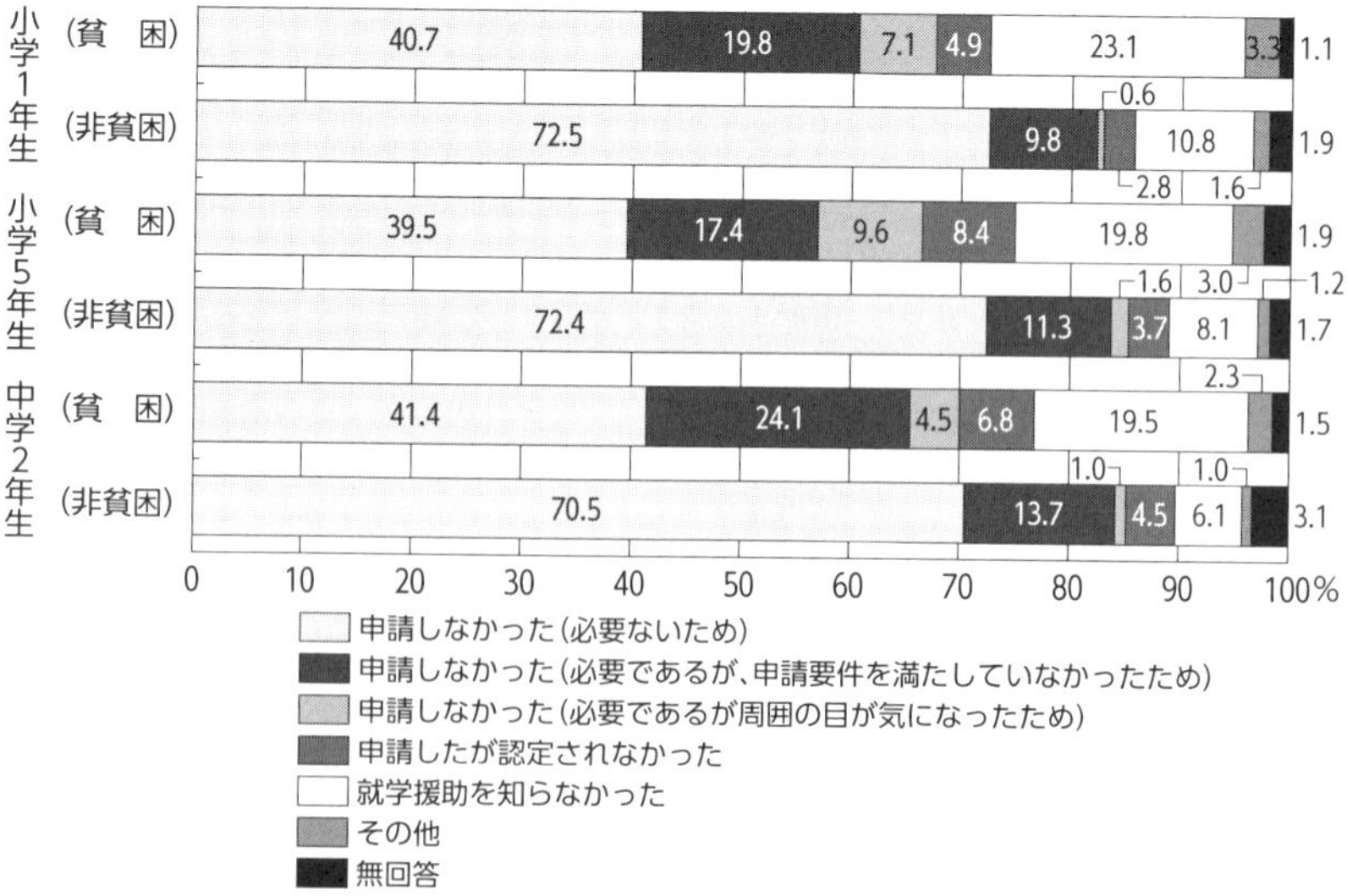

図Ⅱ－5－2　就学援助を申請しなかった理由（経済状況別）
出所：同前。

三％となっています。

就学援助制度を利用していない保護者に、利用しない理由を尋ねた設問（図Ⅱ－5－2）には、貧困層では最も多かったのが各学年とも「申請しなかった（必要ないため）」という理由ですが、「必要であるが申請要件を満たしていなかったため」とする保護者は一七〜二四％も存在しています。さらに「就学援助を知らなかった」とする保護者も小学校一年生で二三・一％、小学校五年生で一九・八％、中学二年生で一九・五％もいることを確認しています。この実態は大阪子ども調査で示された二％程度と比べても、就学援助制度における捕捉率の問題として検討する必要があります。また本調査では「必要であるが周囲の目が気になったため」申請しなかったという保護者が二〇％前後も存在していることも重要な問題です。

2　家計の現実と子どもへの支出

全体状況でみれば、どの学年も「赤字でもなく黒字でもなく、ぎりぎりである」と答えた保護者が過半数となっていますが、家計が「赤字である」（借金をしているか、貯金を切り崩しているか）という状況にある保護者が小学一年生では二五・九％、小学五年生二八・三％、中学二年生三三・六％という現状です。

貧困層でみれば、ほとんどが「赤字である（借金をしているか、貯金を切り崩しているか）」または「赤字でもなく黒字でもなく、ぎりぎりである」としており、「黒字である」割合はほとんどいないというのが実際です。「赤字である」だけでみると、小学一年生では四四・一%、小学五年生四五・四%、中学二年生五〇・七%となっており、約半数の家族で借金と貯金の取り崩しで対応している現実があります。

「赤字でもなく黒字でもなく、ぎりぎりである」という生活の実態は、必要なことでも極力我慢し購入・支出しないことで帳尻を合わしているということであって、余裕のないなかで借金も貯金の取り崩しもできない家計状況にあることが少なくないのです。経済的余裕があれば、子育て期は少しでも将来のことを考えて貯金をして備えるのが多くの親の気持ちですが、現実にはそうはいかないので収入の範囲でぎりぎりのやりくりをするしかないのが実際です。

その現実を子どもへの支出をしたいけれども、「経済的にできないこと」があることを具体的にみましょう。

全体的にみると「経済的にできない」割合は、当然ですが貧困層で多くなっています。とくに「習い事」や「学習塾」に経済的な理由で通わせられない割合は、貧困層では三学年とも約四〇~五〇%となっています。

さらに中学二年生に絞って、**図Ⅱ-5-3**をみていくと、「毎月おこづかいを渡す」(ができていない)では、貧困層三三・一%、非貧困層一〇・一%、「毎年新しい洋服・靴を買う」貧困層一九・六%、非貧困層六・五%、「習い事に通わす」四三・六%、一七・五%、「学習塾に通わす」同様に四六・六%、一八・九%、「一年に一回くらい家族旅行に行く」七九・七%、五三・〇%などとなっ

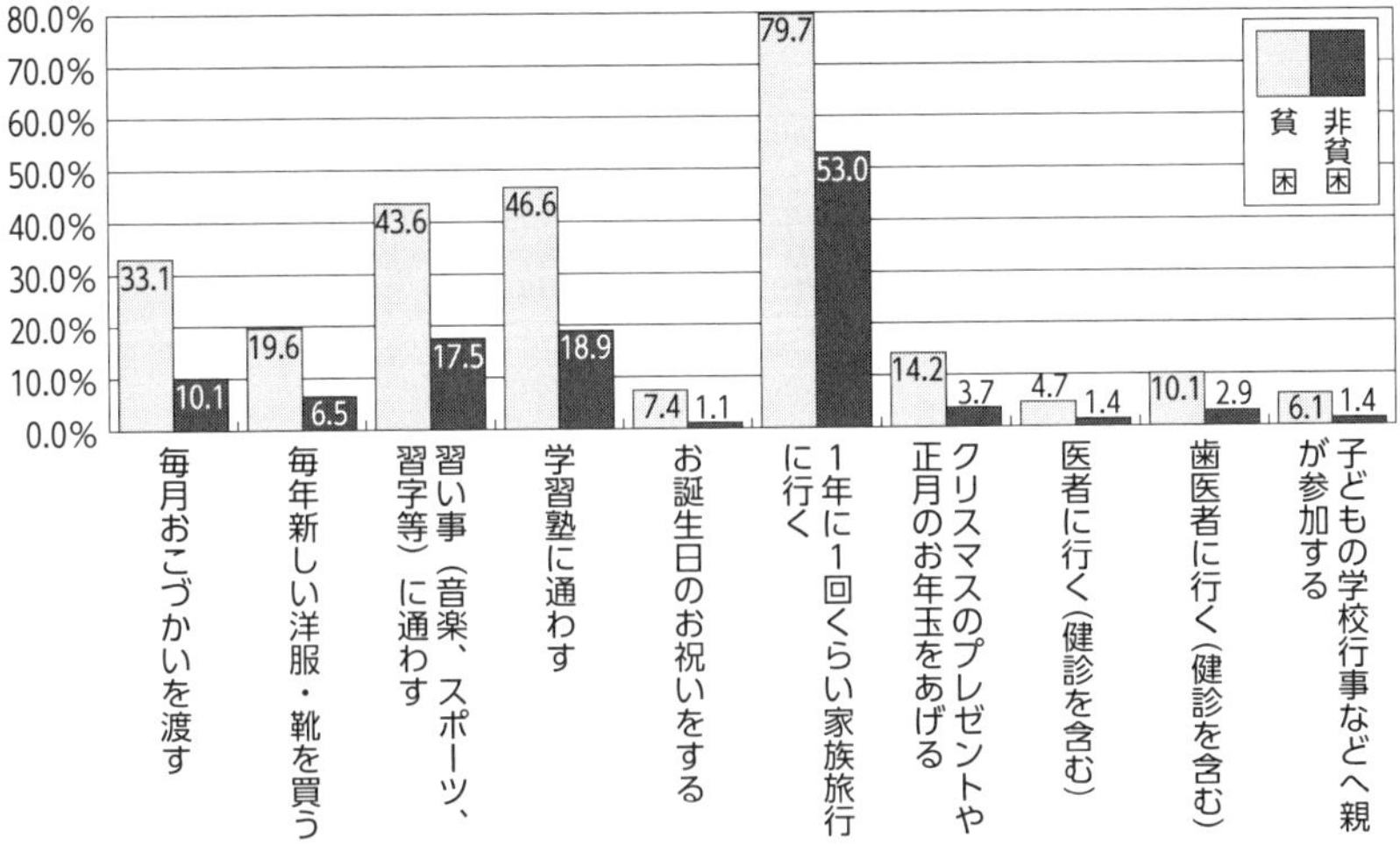

図Ⅱ－5－3　子どもへの支出：経済的にできないこと（中学2年生）

出所：「沖縄子ども調査 調査結果概要版」35頁。

ています。

さらに「医者に行く（検診を含む）」四・七%、一・四%、「歯医者に行く（健診を含む）」一〇・一%、二・九%となっています。

こうしてみてみますと、成長・発達を促す経験と教育・学力形成の項目で有意な差があることを確認できます。同時に医療的ケアの保障に関しても見逃してはならない健康・いのちの格差が存在しています。所得水準や雇用形態、家族の状況、住んでいる地域などによって健康といのちの格差があることを直視する必要があります。

そうした家族の現実が進学格差へとつながっていくことも疑いようのないことです。その点を次にみていきましょう（「沖縄子ども調査調査結果概要版」三六、三七頁）。

「大学までの教育を受けさせたい保護者の割

合」は、小学一年生の段階で非貧困層八二・八％に対して、貧困層では二七・八％となって約五〇％の差があります。「経済的に受けさせられない」は、非貧困層が七・四％で、貧困層が二七・八％、「無回答」も一三・八％となっています。

中学二年生においても「経済的に受けさせられない」は、非貧困層一一・〇％で、貧困層が三二・八％、「無回答」は一五・二％となっています。三倍の格差となっています。「無回答」は親としての希望を抱いても実現不可能であれば、無回答という選択肢にならざるを得ない現実もあります。

この割合の差が子どもの教育への権利の実際の格差へと連動しているのです。それも小学生の一年生段階から保護者の視線と期待に関して、明らかな格差が生じているのです。

3　子どもの貧困体験の現実

子どもの貧困体験として、過去一年間の間に経済的な理由で家族が必要とする食料や衣料（嗜好品は含まない）が買えないことがあったかの設問に関して、非貧困層では食料については、「よくあった」「ときどきあった」「まれにあった」を合わせると、全体では小学一年生では一五・一％、小学五年生では一九・四％、中学二年生では二一・二％となっています。それに対して貧困層ではそれぞれ四六・六％、四九・三％、四九・七％となっており、どの学年も合計でほぼ五〇％に達しています。貧困層の保護者の「よくあった」割合は、小学一年生では、四・四％、小学五年生では六・二％、中学一年生では八・一％となっていました。「ときどきあった」はそれぞれ約二〇％となっています。

同様に「衣料を買えなかった経験」においても、貧困層では「よくあった」は小学一年生で一一・三％、小学五年生一三・〇％、中学一年生で一六・六％となっています。「ときどきあった」は二〇％前後となっています。

さらに「医療サービスの受診状況」は、「過去一年間に医療機関でお子さんを受診させた方がよいが、実際には受診させなかったことがありましたか」という設問に対しては、貧困層では小学一年生の一六・六％、小学五年生の二〇・五％、中学二年生の一七・九％が「ある」と回答しています。なかでも未受診ケースの理由（全体）として「公的医療保険に加入していたが、医療機関で自己負担金を支払うことができなかったため」という回答も、小学一年生一一・六％、小学五年生一六・二％、中学二年生一五・六％という状況でした。

その他、社会的な孤立状況も貧困の際立った特徴であるといえます。子どもの貧困に対応するコミュニティ・ネットワークの形成が課題となっています。

子どもの貧困は衣食住の基礎的生活の保障という点で困窮化がすすんでいることも見える状況ですし、さらに医療への権利に関する格差拡大が進行していることも確認することができます。

しかしこうした子どもの貧困の現実は、沖縄県の単純な経済発展の遅れや政策の失敗などではありませんし、ましてや沖縄県の自己責任に帰する問題ではけっしてないのです。その点を次にみていきたいと思います。

3　沖縄における（子どもの）貧困の歴史性

1　戦中戦後直後の沖縄の現実

沖縄戦の交戦中の占領状況と戦後直後から徐々に生活は安定してきた歴史がありますが、戦後直後は疲弊した状況にあり、一九四五年八月ごろの沖縄本島および周辺離島の人口が三三万四四二九人であったので、沖縄在住県民の八五％が収容所生活を余儀なくされていました（川平成雄『沖縄空白の一年』吉川弘文館、二〇一一年、四二頁）。そうした実態は占領当時の状況であり、致し方ない現実でもありましたが、同時にアメリカは早い段階で米軍基地建設の構想を持っており、一九四五年一月に立案された「アイスバーグ作戦」と呼ばれる沖縄攻略作戦の主要目的は、来るべき日本本土への進行に備えて「軍事基地を確立する」ことであったのです（沖縄県文化振興会公文書管理部史料編集室編『沖縄県史　資料編一二　アイスバーグ作戦　沖縄戦五（和訳編）』沖縄県教育委員会、二〇〇一年、四六頁）。したがって、その目的遂行上、県民の収容所生活は、米軍統治への訓育と基地建設のための労働力活用策としての意味を持っており、けっして沖縄県民の福祉的な保障をしようというものではありませんでした。子どもたちが巷にあふれることは、統治と支配にとってじゃまでしかなかったのであり、孤児院は家族と死別した孤児の囲い込み施策として機能していたのです。

表Ⅱ－5－2　沖縄戦における住民被害の類型

1　米英軍による被害

① 米軍の爆撃機による空襲
② 米英艦船による艦砲射撃
③ 地上戦闘における米軍の砲・銃撃など
④ 米軍の「馬乗り攻撃」（避難している洞窟・壕内の出入り口や洞窟の天井部分に地上から削岩機で穴を開け、ガソリン・爆雷・ガス弾などでの攻撃）
⑤ 米軍の最高指揮官、バックナー中将の戦死に対する無差別報復攻撃
⑥ 米軍が収容した住民に供血の強要・断行
⑦ 婦女子に対する戦場・収容所内での強姦
⑧ 戦果アギャー（米軍から物資を盗む）に際して、銃殺傷や拘禁

2　日本軍（皇軍）による被害

(1) 日本軍に直接殺された人の態様
① スパイ視
② 食糧強奪
③ 避難壕追い出し
④ 軍民雑居の壕内で、乳幼児が泣き叫ぶのを殺害すると威嚇（軍事機密の陣地・日本軍の動向が敵に知られてしまうのを防ぐため）
⑤ 米軍の投降勧告ビラを拾って所持しているものをスパイ・非国民視
⑥ 米軍への投降行為を非国民視
⑦ 米軍の民間収容所に保護された住民を非国民視・スパイ視して襲撃
⑧ 米軍に保護され、投降勧告要因にされた住民を非国民・スパイ視
⑨ ①、⑤～⑧への対応としての射殺
(2) 日本軍に死に追い込まれた人の態様
① 退去命令（退去先が食糧の入手困難な地域で栄養失調・悪性の戦争マラリア発生地で罹患）
② 「作戦地域内」からの立退き、立ち入り禁止によって砲煙弾雨の中で被弾
③ 日本兵の自決の巻き添え
④ 砲撃の恐怖・肉親の死などによる精神的ショックで精神障害者になり、戦場をさまよい被弾
⑤ 日本軍による集団死の強制（日本軍の「軍官民共生共死」の指導方針の下で、命令・強制・強要・誘導・示唆・強引な説得などによって、親が子を、子が親を殺す形になったり、友人・知人同士で手榴弾・爆雷・猫いらず・縄・鍬・カマなどで集団死したりするよう仕向けた）
⑥ 砲煙弾雨の中での弾薬運搬・食糧運搬・患者の輸送等の強要
⑦ 砲煙弾雨の中での水汲み・炊事・救護等雑役の強要
⑧ 砲煙弾雨の中での陣地構築の強要

⑨　防衛召集以後に残存していた住民を義勇兵として強制的に編成
⑩　避難住民に直接戦闘に参加することを強要
⑪　軍民雑居の壕内で泣き叫ぶ乳幼児を、肉親が殺害することを強要（軍事機密である陣地が敵に漏洩することを防止のため）
⑫　立退き命令などによる肉親の遺棄（高齢者、障害者＝精神障碍者・聾唖者、病人などの衰弱・被弾）
⑬　鉄血勤皇隊などの学徒隊の強制的組織化による少年・青年の戦傷死

3　戦争に起因する被害

①　非戦闘地域における栄養失調（米軍が上陸しなかった地域でも食糧難のため）
②　中毒（ソテツなど中毒を起こす植物を食糧難で食べたため）
③　非戦闘地域における病気（衣料品の不足のため）
④　避難民収容所内での衰弱（負傷・栄養失調）
⑤　孤児院内での衰弱・衰弱死（負傷・栄養失調）
⑥　養老院内での衰弱・衰弱死（負傷・栄養失調）
⑦　住民同士のスパイ視（略）
⑧　住民同士の食糧強奪（避難民の農作物盗りに対する地主の過剰防衛）
⑨　米軍の潜水艦攻撃による撃沈（1945年以前、沖縄－本土航路の貨客船や疎開船、南洋からの引揚船が撃沈された）
⑩　学童疎開地での衰弱（栄養失調）
⑪　（那覇市）辻（遊郭）にいたジュリ（尾類）［遊女や芸妓］を日本軍「慰安婦」として徴用
⑫　高齢者の戦争トラウマの発症
＊住民被害以外の国別戦闘員と強制連行の戦死
(1)　日本軍の軍人・軍属（野戦病院などでの「自決」の強要、薬殺を含む）
(2)　米英軍人
(3)　日本軍の強制連行による朝鮮人軍夫・朝鮮人慰安婦

出所：石原昌家「沖縄戦と米軍占領のオーラルヒストリー」『歴史と民俗』29号、神奈川大学日本常民文化研究所編、2013年3月、122～125頁に加筆（下線）。

沖縄県民が沖縄戦でどのような被害を被ったのかを、石原昌家・沖縄国際大学名誉教授の「沖縄戦における住民被害の類型」に若干の加筆（下線）をした被害の全体状況を表Ⅱ－5－2に提示しておくことにします。沖縄の戦中戦後の状況がいかに悲惨で、戦後の再出発が名実ともに〝ゼロからの出発〟であったのかを確認し、本土防衛のための持久作戦の犠牲となっていたのかを知るためでもあります。

一般住民の被害者は、米英軍による攻撃の結果だけではありませんでした。「軍官民共生共死」の方針によって、家屋に日本兵と同居したり、戦場に動員されたり、避難していた壕から日本軍に追い出されたり、あるいは直接に殺害されたりなど、沖縄戦と住民の戦争体験には日本本土にはない極限的な状況があるのです。日本本土の戦争被害と沖縄の住民の戦争体験の決定的な違いがそこにあるのです。

2　現代の沖縄の子どもの貧困

現在の沖縄の子どもの貧困は、図Ⅱ－5－4にあるように、その土台には①戦後の〝ゼロからの出発〟という歴史性があります。アメリカの占領統治のもとで戦後復興や高度経済成長政策といった日本全体の経済発展の過程から分断されてきた歴史があり、「基地依存の消費型経済の構造が形成」されてきた歴史があります。そのうえに②基地が国土面積の〇・六％の沖縄に在日米軍専用施設・区域の約七四％が集中していることで、経済的発展を阻害してきたことも明らかです。加えていえば、沖縄振興開発計画などでは社会資本の整備を中心とした「民間主導の自立型経済の構築が、基本方向の一つとして位置づけられ、道路や港湾、空港などの社会資本の整備に加え、就業者数の増加や観光、情報通信産業等の成長など、着実に発展」（沖縄県ホームページ http://www.pref.okinawa.jp/site/kikaku/chosei/kikaku/yokuaru-beigunkichiandokinawakeizai.html、二〇一六年九

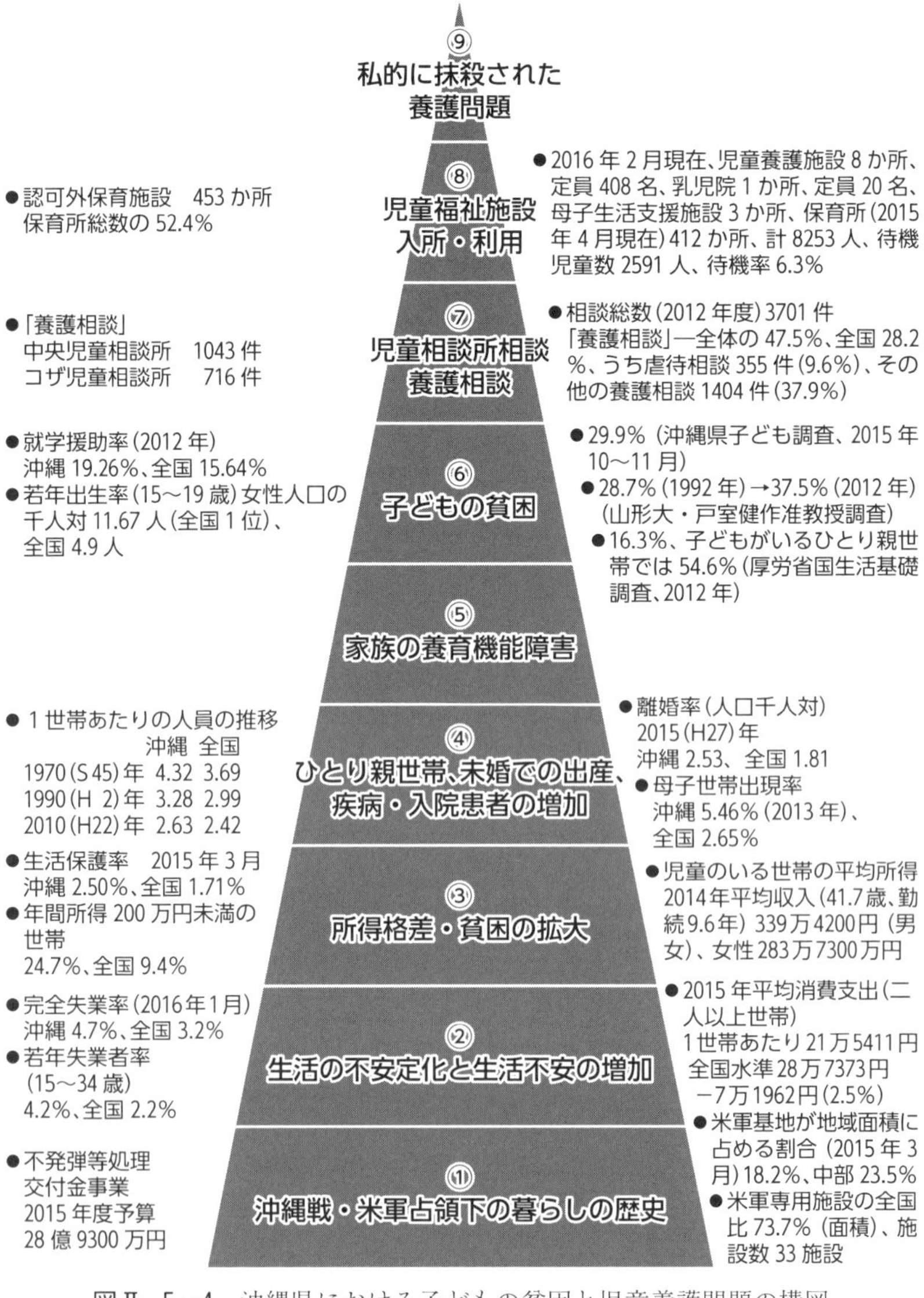
⑨
私的に抹殺された
養護問題
⑧
児童福祉施設
入所・利用
●認可外保育施設　453 か所
保育所総数の 52.4%
●2016 年 2 月現在、児童養護施設 8 か所、定員 408 名、乳児院 1 か所、定員 20 名、母子生活支援施設 3 か所、保育所（2015 年 4 月現在）412 か所、計 8253 人、待機児童数 2591 人、待機率 6.3%
⑦
児童相談所相談
養護相談
●「養護相談」
中央児童相談所　1043 件
コザ児童相談所　716 件
●相談総数（2012 年度）3701 件
「養護相談」―全体の 47.5%、全国 28.2%、うち虐待相談 355 件（9.6%）、その他の養護相談 1404 件（37.9%）
⑥
子どもの貧困
●就学援助率（2012 年）
沖縄 19.26%、全国 15.64%
●若年出生率（15～19 歳）女性人口の千人対 11.67 人（全国 1 位）、全国 4.9 人
●29.9%（沖縄県子ども調査、2015 年 10～11 月）
●28.7%（1992 年）→37.5%（2012 年）（山形大・戸室健作准教授調査）
●16.3%、子どもがいるひとり親世帯では 54.6%（厚労省国生活基礎調査、2012 年）
⑤
家族の養育機能障害
④
ひとり親世帯、未婚での出産、
疾病・入院患者の増加
● 1 世帯あたりの人員の推移
沖縄　全国
1970（S 45）年　4.32　3.69
1990（H 2）年　3.28　2.99
2010（H22）年　2.63　2.42
●離婚率（人口千人対）
2015（H27）年
沖縄 2.53、全国 1.81
●母子世帯出現率
沖縄 5.46%（2013 年）、
全国 2.65%
③
所得格差・貧困の拡大
●生活保護率　2015 年 3 月
沖縄 2.50%、全国 1.71%
●年間所得 200 万円未満の世帯
24.7%、全国 9.4%
●児童のいる世帯の平均所得
2014年平均収入（41.7歳、勤続9.6年）339万4200円（男女）、女性283万7300万円
②
生活の不安定化と生活不安の増加
●完全失業率（2016年1月）
沖縄 4.7%、全国 3.2%
●若年失業者率
（15～34 歳）
4.2%、全国 2.2%
●2015 年平均消費支出（二人以上世帯）
1世帯あたり 21万5411円
全国水準 28万7373円
－7万1962円（2.5%）
①
沖縄戦・米軍占領下の暮らしの歴史
●不発弾等処理
交付金事業
2015 年度予算
28 億 9300 万円
●米軍基地が地域面積に占める割合（2015 年 3 月）18.2%、中部 23.5%
●米軍専用施設の全国比 73.7%（面積）、施設数 33 施設

図Ⅱ－5－4　沖縄県における子どもの貧困と児童養護問題の構図
出所：著者作成。

月二〇日閲覧）させてきたのですが、③社会保障、社会福祉とりわけ女性・子どもの問題には充分に取り組み切れなかった歩みもあると言わざるをえません。

その意味では子どもの貧困問題への本気のとりくみは、沖縄がさらに一人ひとりを大切にする自治体としてのさらなる発展の契機となっていると感じています。

圧倒的に基地経済、米軍雇用に依拠していた戦後直後から、本土復帰直後の一九七二年には基地経済への依存度は一五・五％、一九八〇年では七・一％、一九九〇年四・九％となっており、二〇一三年は五・一％となっています。「沖縄は基地で食っている」という思い込みと誤解は、沖縄に基地を置き続けるためのつくられた神話でしかないのです。そのうえ五％の約七割は、軍用地料と基地従業員の雇用の費用ですので、思いやり予算ということで日本政府が国民の税金から支払っているのが実際です。基地を沖縄に取り戻すことこそ経済発展を飛躍的にすすめることができることは検証済みです。

もうひとつの誤解についても補足的にいっておきますと、「沖縄には都道府県の通常予算に三〇〇〇億円が基地迷惑料として上乗せされている」と思われている人も少なくないのですが、すべての都道府県にも交付される地方交付税や補助金の総額が三〇〇〇億円なのです。地方交付税や国庫補助金を県民一人当たりで算出すると、沖縄は二〇一一年度では全国七番目です。本土復帰以降、四位から一一位の間を推移しているのが事実なのです（島陽子「今、沖縄で起こっていること」『社会保障』四六三号、二〇一五年冬号、二六、二七頁。翁長雄志『戦う民意』角川書店、二〇一五年を参照のこと)。

こうした沖縄県での無謀な戦争と米軍占領体制、県民の民意を無視したままでの基地存続と辺野古移設問題、さらに日本政府の沖縄への高圧的な仕打ちのなかで、いま沖縄県と県民、企業、諸団体、個人が「オール沖縄」で子どもの貧困問題に取り組んでいる姿に、全国は注目し学ぶ必要があります。

4　「沖縄県子どもの貧困対策計画」から学ぶべきこと

1　沖縄県の基本的スタンス

二〇一六年三月、「沖縄県子どもの貧困対策計画」(以下、沖縄県独自の計画を「計画」と略記)が発表されています。

「子どもの貧困対策計画」を立てている自治体を、内閣府のホームページで確認しますと(http://www8.cao.go.jp/kodomonohinkon/keikaku/sakutei.html、二〇一七年一月)、独立型が二八自治体、一体型が二〇自治体となっています。長野県が独立型と一体型の両方の計画を策定し、和歌山県が独立型で策定予定(二〇一七年三月)を含めた集計です。沖縄県の計画は独立型で作成されています。

はじめに「沖縄県では、全国と比較して貧困状態で暮らす子どもが多く、貧困が子どもの生活と成長に影響を及ぼしていることが強く懸念される状況にあります。このため、子どもの貧困は、沖縄県において克服すべき重要課題であり、抜本的な対策に取り組む必要があります。

次に、子どもの貧困対策は、幅広い主体の参画のもとに、解決が図られるべき課題です。

子どもの貧困は、子どもの生活のさまざまな面で不利な条件が蓄積され、子どもの心身の成長に影響を及ぼします。このため、子どもの貧困対策は、子どものライフステージに沿って、切れ目のない総合的な支援を行う必要があります。

また、子どもの貧困問題は、先述のとおり、社会・経済的な環境変化に起因して発生しており、その解消を図るためには、地域の実情に即して、社会全体で取り組む必要があると考えています。以上のことを踏まえると、子どもの貧困対策は、国、県、市町村はもちろんのこと、関係団体・法人、NPO、民間企業のほか、広く県民各層の理解と協力を得ながら推進する必要があり、これを実現するためには、計画を策定し、沖縄県における子どもの貧困の実態を明らかにするとともに、子どもの貧困対策の基本方向を定める必要があると考えたものです」(「沖縄県子どもの貧困対策計画」一、二頁)としています。

この「一　計画策定の趣旨」のポイントは、まず「子ども」を基本的に使っていることです。中央省庁では、「子供」を使用することを確認し、基本的にそうされています。「子どもの貧困対策法」では「子ども」であったのですが、翌年に制定された「子供の貧困対策大綱」(二〇一四年八月二九日)では「子供」に変更されています。実際のところ、自治体で「子供」を使っているのは、政令指定都市も含めて東京都の計画ぐらいですが、子どもの権利主体として位置づけるうえでも用語の使い方は策定者の基本認識を示しています。

つぎに、「子どもの貧困は、沖縄県において克服すべき重要課題」として明確に位置づけられています。この文言に沖縄県の決意が表れています。

第三として、「総合的に」「連携した取組」などという文言で行政の責任をあいまいにするのではなく、「国、県、市町村はもちろんのこと、関係団体・法人、ＮＰＯ、民間企業のほか、広く県民各層の理解と協力を得ながら推進する」基本方向を定めています。

各自治体の計画を読んでみて感じることは、「計画策定の趣旨」「はじめに」「基本理念」などにその自治体の本気度がにじみ出ているのではないでしょうか。

2　「沖縄県子どもの貧困対策計画」の評価すべき事項

第一に、「子どもの貧困対策のビジョン」（中期的目標）として六年後の平成三四（二〇二二）年三月段階での改善されている姿を提示しています。
◉全ての子どもが一日三食の食事をとり、体調が整い、体力が向上しています
◉学校、地域の取組により、全ての子どもの勉強をする機会や部活動などに参加する機会が確保され、不登校や不本意な中途退学をする子どもの割合が減っています。その結果、高校を卒業し、希望する大学等に進学する子どもが増えています。
◉生活のためにアルバイトをする生徒や学校卒業後、奨学金の返済に苦しむ若者が減っています。

◉働く親の雇用環境が改善し、所得が増え、貧困状態でなくなり、経済的に困窮するひとり親世帯や経済的な理由により親と一緒に住めない子どもが減っています。

◉保育所入所待機児童が解消されるなど、子育て家庭を支える環境が整っています。

など、改善する方向が具体的に一三項目掲げられています。

第二に、施策の「基本方向」が五点あげられていますが、①「全ての子どもが最低限享受すべき生活や教育の機会を権利として保障する観点から、子どものライフステージに即して切れ目のない、また、個々の子どもが抱える問題状況に対応した総合的な施策を実施します」、②「子どもの貧困を自己責任論ではなく、社会全体の問題として、また、貧困の世代間連鎖を断ち切り、次世代の沖縄を担う人材を育成する施策として取り組み、潤いと活力をもたらす沖縄らしい優しい社会を実現します」という二項目を紹介しておきます。

重要なポイントは、「権利として保障する観点」からの施策であるという点です。子どもの権利条約に規定された子どもの権利を保障するスタンスを貫けるかどうかが行政のスタンスとして堅持できるかが問われているのです。権利の視点を明示している点は高く評価されるべきです。

もうひとつのポイントは、子どもの貧困について自己責任論を明確に否定している点です。それは「社会全体の問題」＝社会構造から生み出される問題として把握されていることが重要です。貧困理解における決定的に重要な課題が基本方向で述べられています。

第三として、第三章で「指標の改善に向けた当面の重点施策」が明示されています。「計画」では、「市町村における妊娠期から子育て期にわたる支援をワンストップで行う子育て世代包括支援センターの設置を促進」（三四頁）、「子どもの貧困に関する各地域の現状を把握し、関係機関との情報共有や子どもを支援につなげるための調整等を行う『子供の貧困対策支援員』の市町村への配置を促進」（三五頁）、「スクールソーシャルワーカーの配置人数や区域を順次拡大しながら支援を強化」し、その役割として「学校と福祉関連機関との連携の促進」（三五頁）、「市町村と連携して保育所等の整備を促進するとともに保育士の確保等を図り、平成二九年度末までの待機児童の解消」（三七頁）、「高等学校中途退学者等に対し、学力検査を課さず、志望動機を聞く面接等で入学できる学び直しのための高校や学科の設置などを検討」（四三頁）、「高等教育の機会を保障する奨学金制度等の経済的支援の充実」（四四頁）、「児童養護施設退所児童等に対する給付型奨学金の創設を検討」（四六頁）、「母子生活支援施設の設置を促進」（四九頁）、「ひとり親世帯等について、公営住宅の優先入居に向けて取り組みます」（四九頁）など、いずれも積極的な政策提案がされています。

第四として「沖縄県子どもの貧困対策推進基金」が設置されています。二〇一六年二月一六日、「沖縄県子どもの貧困対策推進基金条例」が県議会に提出をされています。「基金として積み立てる額は、一般会計歳入歳出予算で定める額とする」（第二条）とされ、「この条例は平成三四［二〇二二］年三月三一日限り、その効力を失う」と規定されています。

最後に、「県民運動としての子どもの貧困対策の展開」の柱として、「子どもの貧困解消県民会議（仮称）」の設置が提案されており、その具体化として、沖縄県内の行政や民間の主要一〇五団体でつくる「沖縄子どもの未来県民会議」(会長・翁長雄志知事)が二〇一六年六月一七日に結成されたのです。

3 「沖縄県子どもの貧困対策計画」への問題提起

「沖縄県子どもの貧困対策計画」を積極的に評価するとともに、率直にいくつかの問題提起をしておきます。

第一は、先に紹介した「沖縄子どもの未来県民会議」において、二〇三〇年には子どもの貧困率を現在の二九・九%から一〇%にすることが長期的目標値として提示されていますが、そうであれば本計画の期間(二〇一六年四月~二二年三月)までの六年間で、いかにその数値を削減するのかも検討されてもよかったのではないでしょうか。「沖縄子どもの未来県民会議」は、貧困率削減の目標値をはじめて設定することに挑戦したものです。国はもちろんのこと、全国の自治体が大いに学ぶべき基本目標を提示したものです。

第二に、子どもの貧困解決のための六年間の計画のロードマップを作成することは、二〇三〇年の時点での貧困率削減の具体化のために必要なことです。数値目標だけが課題ではありませんが、目標を具体的に設定して取り組むことが子どもの貧困対策では必要なことです。

第三に、学校を子どもの貧困対策のプラットフォーム(土台、骨格、拠点)、とくに教育の支援を中心として「学校をプラットフォームとした総合的な子どもの貧困対策の展開」の中身を具体化することが求められています。沖縄県だけでなく全国的に現在の教員の労働環境は国際的にみても劣悪な状況になっています。こうした現状を踏まえて、何を学校および教職員の役割として求めていくのかを検討していく必要があります。子どもの貧困対策が可能となるための学校改革が一体的にすすめられる必要があります。非正規や臨時の専門職を配置しただけでは、学校が子どもの貧困対策のプラットフォームにはならないことは明らかです。

第四は、現在の子どもの貧困対策のエアポケットは乳幼児期の貧困問題への対応にかかわる問題です。保育所を乳幼児期の貧困のプラットフォームとして位置づけ、その具体化を促進する手立てが求められています。認可外保育施設の比重が保育所全体の利用児童のうち約四割を占める沖縄県ですが、いくつかの自治体で公立保育所の民営化、とくに一部の自治体においては全廃という方針が示されていますが、公立保育所こそがコミュニティの乳幼児期の貧困へのとりくみの拠点として位置づけ直すことが必要ではないでしょうか。

第五として、民間団体がコミュニティで実施されているこども食堂や学習支援塾、フードバンクなどのとりくみに県と市町村が支援体制を創っていくことが課題としてあげられます。財政的人的な支援とともに、こども食堂や学習支援塾に子どもたちを確実につなげていくための方策を具体化していくことも行政の課題として位置づけたいものです。

第六に、大学等進学に対する教育機会の提供に関して、「（ア）高等教育の機会を保障する奨学金制度等の経済的支援の充実」の具体化の柱として、「県外難関大学等への進学を推進する給付型奨学金制度の創設など、県内高等学校生徒の大学等進学率の改善に取り組みます」という提起がされているのですが、再検討の必要があると考えます。「県外難関大学等への進学」だけでなく、子ども・青年の能力・学力に応じた多様な進学の選択肢を保障すべきではないでしょうか。低学力は社会的不平等のひとつの実態・結果でもあるのです。大事なことは、意欲・やる気をはぐくむ進路の選択ができる奨学金制度が整備される必要があると考えます。

第七に、さまざまな施策の実施を推進するコーディネーター、子どもの貧困対策支援員、スクールソーシャルワーカーなどの労働条件に関して非正規雇用が中心になると、子どもの貧困対策の専門職がワーキングプアとならざるを得ないという問題が生じることになります。

以上、全国の最先端を切り拓いている「沖縄県子どもの貧困対策計画」に対して、さらにブラッシュアップされることを願って、心からのエールを込めて率直な問題提起をしておきます。

５　オール沖縄のふくし運動のテコに

基地・政治問題で翻弄されてきた沖縄でいま「子どもの貧困」へのとりくみがオール沖縄の体制ではじまっています。辺野古移設反対、高江へリパッド移設反対の運動では島ぐるみ運動が展開され、安倍政権の地方自治を踏みにじる政治のなかでさまざまな困難に立ち向かっている翁長知事と沖縄の民衆の運動に心揺さぶられ励まされることがよくあります。

これまで必ずしも十分に対応することができなかったふくし問題に、「子どもの貧困」を通してオール沖縄で取り組んでいる現実が生まれています。戦前・戦中・戦後の貧困の構造を引きずったままで解決することのなかった現状に対して、政治課題としての基地問題と福祉課題としての子どもの貧困を結合させながら運動が展開される必要があります。

本章が基地問題だけでなく、子どもの貧困問題に対しても真摯に立ち向かっている沖縄の方々に何かしらの参考になればと願っています。

あとがき——感謝と努力のなかで信念をもって生きる

決意こそ創造の母

〝決意こそ創造の母〟というのが私のモットーです。本書で何度も強調したことですが、いま私たちに問われているのは考え、研究し、実践をすすめるうえで本気であるかどうかです。本気の中核には、決意があるのです。残念ながら、子どもの貧困問題を解決する国・行政の姿勢はいまだ本気とはいえません。むしろ、貧困を増やしているのがわが国の現実でもあります。

所得の再分配政策前と比較して、実施後では元々の貧困率を半減ないしは三分の一に減らしているのが世界の国々の現実です。その点でみれば、日本はこの三〇年間の推移をみると、子どもの貧困率を増やしている国となっています。

そうした現実を踏まえていえば、いま問われているスローガンは、「ふやすな！　子どもの貧困」です。子どもの貧困が増えている根源は何かを問うことなしに、抜本的な子どもの貧困の解決はありません。本書の読者にとっては言うまでもないことですが、子どもの貧困が急増していることの根源には格差・貧困を拡げるアベノミクスと称する新自由主義政策の強引な推進があります。こうした政策が反省もなくすすめられているもとで、子どもの貧困対策が十全に機能することはありえませんし、貧困をなくすことは難しいといえます。

さらに世界に目をやりますと、一億六七〇〇万人の子どもたちが極度の貧困下（一日一・九米ドル未満）で生活している現実があります（ユニセフ『世界子供白書』二〇一六年版）。人間・子どもの安全保障の分野で、本物の国際貢献をするうえでも、しっかりと日本の子どもたちの現実に立ち向かうことが求められています。

いまこそ子どもの貧困をなくすために、国・自治体とともに一人ひとりの決意と行動が問われているのです。本書がそのための捨て石（土木工事の際、水底に基礎を作ったり、水勢を弱くしたりするために、水中に投げ入れる石）になることがあれば、望外のしあわせです。

人に恵まれた人生を生きている

私事にわたって恐縮ですが、二〇一七年三月をもって、一九年間務めた立教大学コミュニティ福祉学部を定年退職しました。学生・院生時代を経て、児童養護施設・調布学園で児童指導員として一二年、白梅短期大学保育科で七年、立教大学で教員生活は最後となります。本当によき仲間たち、子どもたちや学生に励まされ、支えられてここまで来ることができました。感謝！

本当に幸運な人間だと私自身が思うことは、よき指導者に恵まれてきたことです。日本福祉大学の専門ゼミでは、社会福祉労働論について小島健司先生にご指導をいただき、大学院では、日本児童養護施設史研究に関する指導を故・高島進先生にいただきました。お二人の先生にとって不肖な弟子ですが、私なりに誠実な研究者人生を送ってきたことは、感謝を込めて報告しておきます。

また私が児童養護施設の現場で仕事をしていたときには、先輩・同輩諸氏の支えもあって、研究会などで多くの報告・執筆のチャンスをいただきました。

現場での研究活動から研究者として現在まで〝人間と性〟教育研究協議会（性教協）の仲間たちとともに歩んできました。故・山本直英先生には多くの叱咤激励をいただき、児童福祉のしごとの大切さをときどきの声かけのなかで伝えてもらいました。

村瀬幸浩先生には、身近な位置で、指導者としてのあり方、研究の根底にある人間の優しさを学ぶことが多くありました。山本さんは父親のようであり、村瀬さんは兄貴のような存在でもありました。

両先生をはじめ性教協の仲間たちと、「性教育元年」といわれた一九九二年、その後、二〇〇〇年に入ったころから性教育・ジェンダーバッシングに抗して闘った時期、また七生養護学校で創られてきた性教育への暴力的な介入に対する裁判闘争をひるむことなく続け、地裁、高裁、最高裁まですべての裁判で勝利した歩みを仲間たちと共有できたことは、私の人生の財産でもあります。

あ〜、素敵な人たちとの出会いに恵まれた人生だとあらためて感じています。

これから私が挑戦したいこと

大学という所属から離れて、よりいっそう自由に、考えていることを発信し、新たな課題に挑戦していきたいと考えています。職業としての大学教員は終わっても、研究者ではあり続けます。それが私の本気と決意です。

第一に、子どもの貧困に関わって、さらに具体的な政策提案をしていきたいと考えています。本書では箇条書き的に政策項目を提示していますが、より具体的に論述していく課題があります。同時に各自治体でのとりくみを整理し、自治体レベルでの子どもの貧困政策の具体化を検討してみたいと思っています。そのことと関わって、社会的養護の体系とあり方に関する研究をすすめていく必要を感じています。

第二に、『沖縄戦と孤児院』（吉川弘文館、二〇一六年）に関する研究をさらにすすめていくことも、私の宿題です。その課題と並行して、「戦争孤児たちの戦後史研究会」（二〇一六年一一月二六日立ち上げ）の仲間たちと、全国の戦争孤児に関する歴史研究をすすめていく決意です。

第三は、性教育・セクソロジー分野にも多くの宿題があります。

こう考えてみると、自らが課題とした半分いやいや三分の一程度はできたかなあと……。

私は宿題をよく忘れていく小・中学生でしたが、こうして書き留めておくことで、自らの課題として追究をしていく決意です。

末筆で恐縮ですが、自治体研究社・編集部の寺山浩司氏には、出版企画の段階から相談に乗っていただき、本書の完成まで精力的に本づくりに関わっていただきました。心からの感謝を申し上げます。

子どもの貧困を解決していくために努力し、心を痛めている方々に、本書が何らかのお役に立つことがあればと心から願っています。

浅井春夫

二〇一七年一月七日

二〇一八年一月九日、加筆

初出一覧

Ⅰ　子どもの貧困の現状と打開策

1章　子どもたちを見捨てない社会を求めて＝「子どもの貧困に抗する政策づくりのために――子ども・若者たちを見捨てない社会への転換を」『住民と自治』二〇一六年八月号を改題・加筆修正

2章　問われるべき乳幼児の貧困＝「乳幼児の貧困問題の現実と解決への施策を考える――人生はじめに確かなスタートができるために」『まなびあい』第九号、立教大学コミュニティ福祉学会、二〇一六年一一月、および「子どもの貧困の現状と乳幼児期の支援」『保育通信』短期三回連載、全国私立保育園連盟、二〇一六年八～一〇月号を改題・加筆修正

3章　労働問題の視点から子どもの貧困を捉える＝［記念講演論稿］「子どもの貧困からみえてきた労働の問題を考える――『ふやすな！　子どもの貧困』という視点でとらえてみると」セミナー要項・資料集『第二七回人間らしく働くための九州セミナーin沖縄――子どもの貧困から見える親の働かせ方・働き方』二〇一六年一一月を改題・加筆修正

4章　「子どもの貧困対策法」批判、「子どもの貧困対策条例」の提案（書き下ろし）

Ⅱ　状況を変えるための実践と課題

1章　食生活の貧困とこども食堂＝「食生活の貧困とこども食堂――子どもの貧困への対抗拠点としての意義」日本子どもを守る会編『子ども白書二〇一六』本の泉社、二〇一六年を改題・加筆修正

2章　学習支援塾（無料学習塾）と学びの権利保障（書き下ろし）

初出一覧

3章　児童養護施設の子どもの大学進学＝「児童養護施設で暮らす子どもたちに大学進学の権利保障を――本学部で田中孝奨学金制度を創設する意義と展望」『立教大学コミュニティ福祉研究所紀要』第二号、二〇一四年一一月を改題・加筆修正

4章　子どもの貧困と性教育の可能性＝「子どもの貧困と性教育の可能性」『季刊 SEXUALITY』七九号、二〇一七年一月を加筆修正

5章　沖縄のいまと子どもの貧困へのとりくみ（書き下ろし）

[著者紹介]

浅井春夫（あさい・はるお）

1951年京都府生まれ。日本福祉大学大学院（社会福祉学専攻）修了。東京の児童養護施設で児童指導員として勤務。白梅学園短期大学を経て、立教大学コミュニティ福祉学部教授、2017年3月定年退職、現在、立教大学名誉教授、"人間と性" 教育研究協議会代表幹事、全国保育団体連絡会副会長。

主な単著・編著書に『社会保障と保育は「子どもの貧困」にどう応えるか』自治体研究社、『脱「子どもの貧困」への処方箋』『子どもを大切にする国・しない国』『保育の質と保育内容』（保育の理論と実践講座第2巻）『子ども・家族の実態と子育て支援』（同第3巻）、『戦争をする国・しない国』『子どもの貧困の解決へ』以上、新日本出版社、『沖縄戦と孤児院——戦場の子どもたち』吉川弘文館、『戦争と福祉についてボクが考えていること』本の泉社、『あっ！　そうなんだ！　性と生』エイデル研究所、『沖縄の保育・子育て問題——子どものいのちと発達を守るための取り組み』明石書店、『シードブック　子ども家庭福祉（第2版）』『シードブック　社会福祉——暮らし・平和・人権（第2版）』『子どもの暴力対応実践マニュアル——児童福祉施設・児童相談所・学校』以上、建帛社、『新・コミュニティ福祉学入門』有斐閣など。

「子どもの貧困」解決への道
——実践と政策からのアプローチ

2017年2月10日　初版第1刷発行
2018年1月25日　初版第2刷発行

著　者　浅井春夫

発行者　福島　譲

発行所　㈱自治体研究社
〒162-8512 新宿区矢来町123 矢来ビル4F
TEL：03·3235·5941／FAX：03·3235·5933
http://www.jichiken.jp/
E-Mail：info@jichiken.jp

ISBN978-4-88037-659-2 C0036

印刷：㈱平河工業社
DTP：赤塚　修